谋略

中国古代官场智慧

张权 著

图书在版编目（CIP）数据

谋略 : 中国古代官场智慧 / 张权著. -- 湘潭 : 湘潭大学出版社, 2024.2
ISBN 978-7-5687-1304-7

Ⅰ. ①谋… Ⅱ. ①张… Ⅲ. ①政治—谋略—中国—古代 Ⅳ. ①D691

中国国家版本馆 CIP 数据核字 (2023) 第 233156 号

谋略：中国古代官场智慧

MOULüE : ZHONGGUO GUDAI GUANCHANG ZHIHUI

张权 著

责任编辑：蔡林翰
出版发行：湘潭大学出版社
社　　址：湖南省湘潭大学工程训练大楼
电　　话：0731-58298960 0731-58298966（传真）
邮　　编：411105
网　　址：http://press.xtu.edu.cn/
印　　刷：三河市同力彩印有限公司
经　　销：湖南省新华书店
开　　本：710 mm×1000 mm 1/16
印　　张：14.75
字　　数：194 千字
版　　次：2024 年 2 月第 1 版
印　　次：2024 年 2 月第 1 次印刷
书　　号：ISBN 978-7-5687-1304-7
定　　价：49.80 元

前言

自古以来，不论是治国理政，还是国与国之间的较量，谋略始终贯穿其中。

人们常把权与谋放在一起，这是因为在大多数时候，想要获取权力，都需要靠谋略去运作。

帝王想要获取权力，就需要用谋略制衡臣下，以此治国理政，防止臣子擅权；臣子需要权力，就需要用谋略来制约帝王，以此制定规则，防止天下为一人所控；国与国之间的较量，谋略更是如影随形，归根结底也是为了通过谋略取得胜利，从而谋取更大的权力。

但谋略并非诡计这么简单，谋略自有一套内在的运行逻辑，除了需要运用智慧，还需要懂得人性，如此才能将谋略运用得当。

谋略的发端一般来说都是为了争取利益，利益的背后往往涉及权力的掌控。通过谋略对已经大权在握的对手发起进攻，是获取权力的途径之一，一般需要考虑到天时、地利、人和。天时即机遇，如胡雪岩遇见左宗棠；地利则指环境，如左宗棠收复新疆需要大笔资金的背景；人和则是人心，具体来说便是谋略发起者的人情世故是否能做到位。三者齐聚，便可适时出击，掌控权力。

掌控权力之后，往往不能高枕无忧，还需深谙谋略逻辑，通过谋略稳固权力。所谓谋略逻辑往往建立在对人心的理解之上，即通过各种手腕掌控人心，从而稳固权力。如赵匡胤通过阳谋完成杯酒释兵权，稳固了自己的权力；如刘邦使用擒贼擒王之谋，绑缚韩信，稳固了天子的权力。一言以蔽之，所谓稳固权力，便是通过谋略的内在逻辑，对那些可能会对权力造成冲击的人进行压制。

谋取权力，稳固权力，最终都是为了运用权力。在运用权力的过程中，不可能不运用谋略，反而要根据现实灵活变通，全程为权力保驾护航。如北魏孝文帝上演“南伐”大戏，哄着文武大臣完成迁都，便是用谋略为权力开路的典型。由此可见，获得了权力，稳固了权力，还需要根据当下的情况，运用谋略为权力继续开道，如此才能运用好权力。

一个人想要做出一番大事业，光靠自己一个人显然不够，首先精力就达不到，因此要学会授权。授权本质上是一种分权行为，把手中无法有效利用的权力分给下属，让他们为目标奔走，使目标达成。这就需要权力的授予者拥有大局思维，通过谋略布局，将权力合理地分配出去，使得权力始终能在框架内运行，不至于反噬权力的来源。

通过谋权、固权、运权、授权等一系列行为，便可成就大事，但若想权力长青，还得懂得慎用权力。所谓慎用权力，便是在大权在手之时，依然要谨慎地对待权力，不可滥用权力，更不能用权力行为非作歹之事。否则，再高明的谋略也无法护住权力，前期所有的努力都将付之一炬。

归根结底，谋略之道，道在权力，道在德行。通过谋略之道的确可以取得胜利，但照亮万古黑夜的始终是仁义礼智信。

正如唐太宗李世民曾慨叹的那样：“以铜为鉴，可正衣冠；以古为鉴，可知兴替；以人为鉴，可明得失。”

这一番慨叹便是本书的主旨——使人修德行，知兴亡，明得失。

所以，本作并不是教人玩阴谋诡计，而是使阅读者明白权力的运行逻辑。在具体的内容上，本书设置了三个板块，分别为事典、点评、“开卷有益”。事典皆为故事典故，旨在生动演绎权力的模样，让读者一目了然；点评简短有力，旨在剖析权力的内在逻辑，给予读者一定启发；“开卷有益”结合当下的种种境况，旨在给出应对的方式、方法，使得读者获得些许处世智慧。

最后，希望每一位读者读罢此书，都能谋略加身，勇往直前。

目录

第二章

谋略的逻辑：攻心为上

第三章

谋略的变通：通权达变

第四章

谋略的布局：关键安排

第五章
谋略的生门：如履薄冰

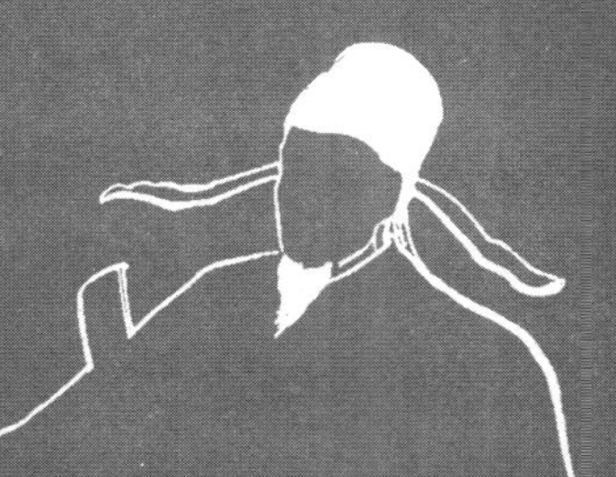

第一章

谋略的发端：适时出击

如何运用谋略获取相应的资源和人脉，考验着谋略运用者的智慧。归根结底，一个好的谋略家，首先须要认真观察生活，尽量多地掌握社会万物运行的规律，其次须在与他人相处时洞悉对方的情绪，找准对方的需求，如此才能应对有方。

做大事者首先要做的便是通过谋略改变个人机遇，改变周围环境，从而成就非凡事业。

精明圆滑：
红顶商人胡雪岩

事典

晚清的浙江出了一个首富，名叫胡雪岩。

他幼时由于家境贫寒，无法去私塾读书，便在家自学，慢慢也粗通了文墨。后经亲戚推荐，到杭州阜康钱庄当了一名学徒。

胡雪岩在钱庄充当“跑街”，主要就是招揽生意以及催促人们到期还钱。这是一个不好干的苦差事，需要处处小心，笑脸相陪。

胡雪岩以他坚强的毅力挺了下来，并逐渐锻炼得机敏、泼辣，善于投机，留给他人的印象则是慷慨好义，能济人急难，所以赢得了人们的信任。这一切都为他后来的发迹打下了基础。

关于胡雪岩的发迹致富，有种种传说，比较流行的说法是说他曾借钱助人，受助者后来为报恩又支持他开钱庄，于是发迹。至于他所助之人，一说为王有龄，一说为湘军的一个营官。王有龄是当时的浙江巡抚，年轻时因父亲去世，曾贫困潦倒，流落杭州。一天他遇到了正跑街的胡雪岩，胡见他气度不凡，不像没出息的人，便询问他为何这般落魄。王将自己的处境对胡讲了，胡表示愿助一臂之力，可送他进京谋官，遂将刚为钱庄收上的一笔500两银子借给他，他不愿接受，怕胡回去后会受老板责罚。胡表示没关系，有什么风险自己一人承担。王千恩万谢地拿了钱北上，终于找到有权有势的故交，当上了浙江粮台总办。王得官职后便去找胡雪岩，把以前所借的银子加上利息奉还，一再致谢，又让他辞了跑街工作，支持他自办钱庄。几年后，王有龄升任浙江巡抚，又保荐胡雪岩接任粮台，使胡成了掌管浙江粮食的最高官员。胡本有经商才能，钱庄已经经营得很红火，加之掌管粮食，其事业就更兴旺了，相继开设了不少店铺，并与外商做生意，手头周转的钱常以千万计，终成为富甲杭州的大商人。

胡雪岩经营官场靠山，许多时候是拿了银子铺路。这办法无论是在他那个时候，还是现在，都是不光彩的，但那个时候的官员就喜欢这个，这也叫“投其所好”吧。正因为投其所好，自然也就屡试不爽。

还是胡雪岩看得准。当时的浙江巡抚黄宗汉是一个贪财刻毒、翻脸不认人、一心搜刮银子而不恤人情的小人。浙江前任藩司椿寿，就因为没有理会他四万两银子的勒索，被他在漕米解运的事情上狠整了一把，以至生路全失，自杀身亡。胡雪岩告诉王有龄，黄宗汉其实是要借海运局的差使，勒索银两，而且价钱都已开出来了，就是一万两银子。在胡雪岩的点拨之下，王有龄恍然大悟，第二天就代黄宗汉交了那一万两银子的捐输军饷，而事实上也真正是“药”到“病”除，他随即便得到兼领海运局坐办的批准。不仅如此，因为那黄宗汉一次次从胡、王二人这里得到好处，胡雪岩在浙江的许多生意，比如贩运军火，也是借助他的力量办成的。

在胡雪岩那个时代，如此投其所好，便可药到病除，其实是一个“通例”，实在是“施为无不利”。胡雪岩深谙此道，自然也不吝惜银子，甚至到了有索必给、有“求”必应的地步。比如时任浙江藩司麟桂调署江宁藩司，临走前在浙江亏空的两万多两银子需要填补，一时筹不到这笔款项，便找到胡雪岩请他代垫，胡雪岩二话没说就爽快应承下来，以至麟桂派去与胡雪岩相商的亲信，也“激动”不已，称胡雪岩实在是有肝胆、够朋友，让他一定不要客气，趁麟桂此时还没有卸任，有什么要求尽管提出，反正惠而不费，他一定肯帮忙。胡雪岩做得却也“漂亮”，他没有提出什么具体要求，只是希望麟藩司到任之后，有江宁方面与浙江方面的公款往来，能够指定由自己的阜康钱庄代理。这一点点要求，对于掌管一方藩库的藩司来说，自然不费吹灰之力。

胡雪岩所谓“拿银子铺路”，自然是他打通官场路子，寻求官场保护的手段。用我们今天的眼光看，他的这种方式，绝对是应该鄙弃的。只是放到他那个时候，我们又很难简单地指责胡雪岩的这种手段。以他一个商人的价值标准，在商言商，只要能够培植起自己的靠山，能够让自己赚到钱，目的也就达到了。旧时官场的腐败，又哪里是像胡雪岩这样一个只会“铜钱眼里翻跟斗”的商人可以解决的。

杭州被官军收复以后，胡雪岩要做的第一件事，自然就是重整旗鼓，使自己的生意全面恢复起来。但是，时移势易，情况已经发生了很大变化。一是杭州经过两度战火，市面已经完全萧条；二是太平军占领杭州期间，为了不让胡雪岩回到杭州，有些留在杭州的人竟放出谣言，说胡雪岩骗取公款以筹米为名携款自逃，胡雪岩虽然通过一些手段挽回了一些影响，但要彻底恢复自己的地位，还有待时日；第三则是更重要的，王有龄在太平军攻打杭州时，抱定守土有责的信念，陷在城里，如今已经殉难，胡雪岩在官场的靠山也就不复存在。在这样的情势之下，要重整旗鼓，当然不是那么容易的事情了。

胡雪岩自然要重寻靠山。

胡雪岩再次找到的靠山，是当时以一品顶戴兵部尚书兼都察院左都御史任闽浙总督的左宗棠。其实，由于杭州太平军占领期间的谣言，此时的左宗棠对胡雪岩既早闻其名，也早有戒备，他甚至接到许多状告胡雪岩的禀帖，决定一力查办。这位素有“湖南骡子”之称的总督，在胡雪岩前去拜见时，甚至都不给他看座，很是“凉”了他一把。而胡雪岩终于还是得到了左宗棠的信任，甚至被引为知己，左宗棠由此成为胡雪岩在官场上比王有龄更有力量的靠山。后来也是因为左宗棠的一力举荐，胡雪岩才得到朝廷特赐的红顶子。

胡雪岩赢得左宗棠信任的办法，其实也很简单，那就是对“病”下“药”。胡雪岩做了两件事：

第一，献米献钱。胡雪岩回杭州，带回去的有一万石大米和十万两银子，且将当初的购米款两万两银子面交左宗棠，等于是他既回复了公事，以此证明自己并非携款逃命，又另外无偿献给左宗棠一万石大米。那十万两银子则是胡雪岩为了敦促攻下杭州的官军自我约束，不要扰民，而自愿捐赠的犒军饷银。胡雪岩献出十万两银子，是要换个秋毫无犯。

第二，主动承担筹饷重担。左宗棠几十万兵马东征镇压太平军，每月需要的饷银达二十五万之巨，当时朝廷财政支出庞大，入不敷出，胡雪岩主动拿出大量银两支持左军，从而赢得了左宗棠的信任。以后胡遇到麻烦，左大人自然卖力通融帮助，有了这个大靠山，还怕生意不红火？

同治三年（1864 年），左宗棠率湘军攻破了杭州城，胡雪岩也随之衣锦还乡。战后的杭州一片狼藉，左宗棠“设赈扶局，收难民，招旧商”，这些事少不得又要借重熟悉杭州市情的胡雪岩。胡管理赈抚局事务，设施粥厂和难民局，安置难民。后又设善堂、义塾、医局等，“凡养生送死赈财恤穷之政，无不备举”。他还为此到处募捐，不捐者则找名目加以报复，为此得罪了不少商人。他的钱庄业务在这一时期发展相当迅速，因为清军将领进入杭州城后，大肆抢掠，所得不下千万两银都存到他的钱庄，他用此银购货从事贸易，设商号于各市镇，“获岁利数倍，不数年，家资逾千万，富甲天下”。

同治四年（1865 年），左宗棠以闽浙总督衔离浙入闽，到福州后即写了奏章，要求调胡雪岩等人来闽相助。胡雪岩到福州后，建议左宗棠创办福州船政局，造船以加强清军水师力量。左宗棠接受了他的意见，并上奏朝廷。同治五年（1866 年）清廷批准试办，左宗棠委派胡雪岩主持船政局的“延洋匠、雇华工、开艺局”等事务，造船的机器也由胡从法商洋行购进。同年九月，左宗棠奉命调入陕甘，推荐沈葆桢为船政大臣，主持福州船政局，安排胡雪岩任提调，兼管浙江转运局。此时胡还被保荐为候补道，加布政使衔。几年后，福州船政局造出轮船十余艘，成为中国第一家新式造船企业。

左宗棠任陕甘总督后，在西北镇压了捻军和回民起义军，后又进至河西走廊，指挥清军出关西征新疆，督办新疆事务。光绪三年（1877 年），左宗棠消灭了阿古柏及投靠他的回民叛军白彦虎等势力，收复了新疆南、北路。左宗棠的西征，得到了胡雪岩的大力相助，他为左主持上海转运局，购运西洋军火，转运东南协饷。

左宗棠在新疆面对的阿古柏等敌手有英俄的支持，用的是来自英俄的武器，左军如没有洋枪洋炮，实在无法与之抗衡，所以左宗棠急切盼望胡雪岩为他多采购新式西洋武器。胡雪岩对此事全力去办，不但广为采购，而且注意挑选最精良的武器，及时运送到前线。左宗棠对胡雪岩经办武器的战果评价很高，说他为速定新疆立下一大功。

除了军火外，筹饷是左宗棠西征最伤脑筋的事。当时朝廷无钱，决定由东南各省协济左军军饷，称为“协饷”，但东南各省大都赖着不给或少给。在这种情况下，左宗棠只得借重于胡雪岩，让他去借洋款。胡雪岩是一手经理左宗棠全军饷银筹措运解事项的人。他先是催领东南各省协饷，催不到只好去借洋债凑上，洋债未到手时也向华商借贷，总之务使军饷接济得上，让左宗棠可以专心西征。对胡雪岩的帮助，左宗棠十分感激，称赞他“功绩与前敌将领无殊”，与自己“万里同心”。

胡雪岩经手的洋款，主要是从英商洋行中借的，前后共六笔，总金额达一千七百多万两。这些洋债利息很高，总数接近借款的半数，即八百万两，所以受到时人非议，说它是“饮鸩止渴”。通过借这批款项，胡雪岩个人得到不少好处，佣金可能在两百万两以上，一下子发了笔横财。

左宗棠在西北期间，胡雪岩还协助他办了一些洋务，以开发大西北。光绪三年（1877 年），左宗棠要在兰州创办甘肃织呢总局，他让胡雪岩去访求织呢机器，经胡在上海与德商泰来洋行接洽，订购了全套小型的毛织机器数十台。胡还雇了德国技师去安装机器和传授技术。因机器笨重，一路上开山辟路，直到光绪五年（1879 年）才运到兰州。第二年在兰州正式开工生产，从此中国内陆腹地诞生了第一家新式工厂。光绪六年（1880 年），左宗棠又让胡雪岩买一套开河机器，开凿泾河，以解决西北干旱问题。胡从德国人手里买了一套机器，并雇请了几位德国技师前去操纵机器，开凿出一条长两百里的正渠。在西北高原用机器开凿河渠，是中国历史上的一个创举。

胡雪岩尽心竭力辅佐左宗棠，立下了汗马功劳，左宗棠自然会多予酬劳，除了在购武器、买机器、借洋款中少不了他的好处外，在官衔上也尽力为他争取，使他的官衔越升越高，直至被朝廷授予一品顶戴，故众人称他为“红顶商人”。最后左宗棠还为他向朝廷请赏黄马褂。穿黄马褂是清代官员们梦寐以求的荣耀，没有特殊功绩的人，皇帝是不会赏穿的。胡雪岩既戴上了红顶子，又穿上了黄马褂，可谓荣华富贵集于一身，在他那一代没有哪个商人享有过他这样的殊荣。

在辅佐左宗棠的同时，胡雪岩丝毫没放松经营自己的商业活动。他是以钱庄起家的。在杭州，他的阜康钱庄由于收到湘军驻浙军官的巨额存款，势力一下子壮大了许多。胡雪岩以这笔钱为基础，不断扩大营业，既开设了新的钱庄、银号，又开设了当铺，并从事丝业、茶业的经营，后又开了胡庆余堂药号。

钱庄与银号是胡雪岩的主要业务，他开的钱庄、银号遍及南北主要城市。如在杭州，除阜康钱庄外，另设阜康银号；在上海，设阜康银号、阜康雪记钱庄；在宁波，设通裕银号、通泉钱庄；在福州，设裕成银号；在汉口，设翰裕银号；在北京，设阜康福记银号。

除钱庄、银号之外，胡雪岩还拥有当铺二十六家，其中二十三家在江浙，三家在两湖。典当铺亦属金融业，它和钱庄、银号一起成为胡雪岩在全国范围内所组成的金融网的一部分。这一金融网在各处都集中收储了大量浮财。如在北京，达官贵人大都向阜康银号存储巨额款项，其中有恭亲王奕䜣、刑部尚书文煜等，仅文煜一人即存有五十余万两。有这样雄厚的资金，胡雪岩便可广泛投资，生意越做越大。

在胡雪岩所经营的生意中，杭州胡庆余堂药号最具特色。该药房开设在杭州最热闹的大井巷，非常引人注目。广告宣传也十分出色，胡雪岩亲手书写的“戒欺”两字匾额悬于店堂之上。他还在上海《申报》上大登广告，使穷乡僻壤、边远地区都能看到，想买什么药只需通过邮寄便可。文字广告之外，胡又亲自出场做活广告。在胡庆余堂开张之日，他身穿官服，头戴顶戴，亲自招待顾客。当见一农民对所买的药微露不悦之色，他上前审视，见药的成色确实欠佳，当即向该人道歉，约定来日调换。这个农民后来逢人便道此事，胡庆余堂和胡雪岩由此名声大噪，生意分外见好。甚至一些医生在嘱咐病人吃药时，也说此药必须抓自胡庆余堂，才能药到病除。此时系清光绪初年，广告风气未开，胡雪岩却已懂得利用广告促销，足见其善于吸收新事物。

胡庆余堂的另一个特色是采取一条龙式的服务，即所采办的原药材，不通过药材行，而是在产地自设坐庄，选派得力的行家里手，亲赴产地收购，或隔年贷款，使药农预为周转，药农先以上品献之，这就保证了药房原材料的优质。在药品的生产与销售上，自设胶厂、鹿园，另设饮片、参燕、切药、丸散、采选、炮制、细货、储胶、配制、细料、邮寄等十一个部门，实行一条龙配套作业，所产的四大类成药，大都饮誉海内外。胡庆余堂越办越有自己的特色，规模也不断扩大，渐渐成为南方首屈一指的大药房，与北京同仁堂并驾齐驱，在南北各树一帜。

胡庆余堂和胡雪岩借以起家的阜康钱庄虽设在杭州，但胡雪岩经商活动的中心却在上海。他与上海的大买办、大商人徐润、陈竹坪、盛宣怀等都有交游，还与法商、德商、英商等洋行有各种各样的往来和交情，加之他又是洋务派大官僚左宗棠的红人，所以他在上海左右逢源，无往不利，生意越做越大，越做越红火。他刚开设钱庄、银号、当铺和胡庆余堂时，有资本二百八十万两，到同治十一年（1872 年）已增至两千万两以上，后又达到三千万两左右，故而人称其为“活财神”。

点评

追逐商业利益的目的不仅是使自己发家致富，还要为社会的发展做出贡献。

胡雪岩的一生充满了传奇色彩。他善于维护人际关系，再加上献米献钱、主动承担筹饷重担。同时，胡雪岩懂得放弃眼前的小利，为将来更大的利益提前布局，这些都是他成功的因素。此外，他以义为先，做药材生意始终强调诚信，采取一条龙式的服务，在老百姓中拥有极好的口碑。一个成功的商人应该像胡雪岩一样，在关注自己事业的同时，也要有社会责任心，关注社会公益事业，为老百姓的生活带来便利。

同时，对胡雪岩身上所出现的一些问题，比如输送利益、贪污腐败等行为，则要坚决摒弃。

红顶商人的头衔的确给胡雪岩带来了很多生意上的便利，但也为他日后的倾覆埋下了祸根。在商言商，时刻严格要求自己合法合规做生意，胡雪岩如果当初秉承这一点，也许会有一个不一样的结局吧。

开卷有益

成功需要抓住机会坚持到底

胡雪岩成功的关键在于瞅准时机，抓住机会，然后朝着一个目标坚定不移地坚持到底。这种做事的方式对于今天的我们也是十分有启发性的。

在现代社会，一个人想要做出一番事业，首先第一点就是要用尽全力发挥自己的才能，找到了机会就要坚持到底，从各方面把自己的才能坚持运用到极致，从而取得成功。

打个简单的比方，在商业中，当你把一件外套卖给一个顾客时，不要认为这就结束了，应该想办法再卖给他衬衣、裤子、鞋子、袜子等。同样的道理也可以运用在汽车销售中。汽车工业的利润并不只是来源于把汽车卖出去，还源于推销人员建议顾客继续购买各种各样的附件，如立体声音响、带有前后扩音器的调频收音机、带有按钮控制的电源天线等等。

这种坚持到底的思想不仅适用于商业，还适用于生活的各个方面，让你在人生的其他地方也获得不错的成果。

在取得不错的成就之后也不能懈怠，不能因为取得了一些成就就故步自封、骄傲自满，应当避免昙花一现的局面。为了达到这个目的，你必须在现有的成就上认清自己的实力，然后继续将坚持到底的精神贯彻下去，如此才能百尺竿头，更进一步。

勇担重任：
毛遂自荐

事典

战国时代，赵国有位平原君赵胜，三度拜相，礼贤下士，宾客投奔者至数千人。

赵孝成王八年（前258年），秦军围攻赵都邯郸甚急。赵王命平原君出使楚国，请求救援。平原君打算带领二十名能文能武的随员，如果恳请不行，便以死相拼，迫使楚王联兵，即所谓“文不能取胜，则歃血于华屋之下，必得定纵而还”。因为是要以死相拼，所以随员只从门客中挑选，不到外面寻找。谁知挑来选去，只选得十九名，还差一人。

这时，有一位门客毛遂，自告奋勇，表示愿随平原君出使。当平原君知其在门下已三年，认为毛遂在门下三年默默无闻，不能胜任此次出使，劝其留下。毛遂立刻进行了一番辩解。平原君见其很有辩才，便同意毛遂为随员，一同使楚。

到了楚国，由于毛遂一路上的谈吐，其余十九名随员都改变了对他的讥讽态度，“皆服”其论议。平原君与楚王谈判，苦口婆心地讲述联兵抗秦的利害关系，谈了整整一个上午，仍无结果。

其余十九随员鼓动毛遂：“先生上。”

毛遂按剑上殿，楚王怒叱毛遂下去。

毛遂仗剑进前，先以气势镇住楚王：“王之所以叱遂者，以楚国之众也。今十步之内，王不得恃楚国之众也，王之命悬于遂手。”

然后陈以利害，一面指出楚国的优势：“今楚地方五千里，持戟百万，此霸王之资也。以楚之强，天下弗能当。”

一面又批评楚国的懦弱，秦将白起“三战而辱王之先人，此百世之怨而赵之所羞，而王弗知恶焉。”

最后强调说：“合纵者为楚，非为赵也。”

一席话，软硬兼施，弄得楚王连连称是，当场表示“谨奉社稷而以纵”。

毛遂怕楚王反悔，立即问道：“纵定乎？”

楚王回答：“定矣。”

毛遂马上让楚王左右的侍从取来鸡、狗、马血，自己捧着铜盘跪在楚王面前说：“王当歃血而定纵，次者吾君，次者遂。”

于是，赵楚合纵、联兵抗秦的协定生效，楚王命春申君将兵救赵。

平原君一行回到赵国后，拜毛遂为上卿。

点评

在赵国面临危险的形势下，毛遂推荐自己加入使者的行列。在平原君与楚王的谈判僵持不下的时候，毛遂挺身而出，凭借自己的胆量和分析问题的能力，使楚王答应与赵国联盟，救援赵国。

毛遂推荐自己固然值得佩服。不过，用人者能否为各类人才提供显示其才能的机会，也是至关重要的。

所以，“毛遂自荐”给人们的启示是：人要正确认识自己的优势，敢于推荐自己。同时，也为用人者敲响了警钟：人才在身边，能够慧眼识才，是人尽其用的关键所在。

开卷有益

对自己保持信心

让自身发展的一个重要条件，就是永远对自己保持信心。

一个人要做到时刻保持信心是很不容易的，最有效的方式是在关键的事情上保持信心。体现在职场中，便是看到别的同事晋升快，而自己晋升慢时，能做到不对这个同事产生忌妒心，而是仍然保持信心，全身心投入工作。

我们在生活中会发现这样一种现象：有时候，当人们产生自信心时，对于他人的行为会以宽容的心情来对待。比如，两个好朋友作为同窗，同时进入社会。如果两人同时买房买车，感情还是会像以前一样和睦。但是，如果其中一个人生活如意，另一个缺乏自信心的人则很有可能会产生忌妒心理，两人的关系就出现裂痕了。

为什么两人关系的裂痕是由生活不如意的人引起的呢？原因就是上文所述的缺乏自信心。

因为缺乏自信心，所以担心自己的生活不会有所改善，因而产生了忌妒别人的心理，在他心里，那个顺境中的人全身都是缺点。

负面情绪不仅对自己的身体有害，而且会使自己的人际关系变得糟糕。升迁较慢的人，或没有升迁的人，这个时候千万不要让自己陷入负面心态中，而是应该努力工作，满怀信心，等待以后机会的来临，然后努力改善生活。

保持信心，就是无论你在做什么工作，面临什么境况，都要有坚定的信念："我一定能把它完成，而且质量相当高。"只有满怀信心，才会在工作与生活中产生意想不到的智慧，进而交出满意的答卷。相反，如果缺乏自信心，接受了一项困难的工作，还没有开始做，心里就觉得做不好，那么这份工作也就会干不好。

"我能行"是一种心理暗示，它具有十分强大的魔力，是自信心的体现，是保证工作高效完成的动力，也是使人在生活中不断向前的基石。

先退后进：
司马懿装病夺大权

事典

曹操去世后，他的儿子曹丕废了汉献帝而自立为帝，建立了魏国。

曾经为曹操出谋划策的司马懿，此时也帮着曹丕料理军政大务，带兵东征西讨，为曹魏政权立下了赫赫功劳。

曹丕传位给太子曹叡时，司马懿又被任命为辅佐大臣。

魏明帝曹叡死时，太子曹芳年幼，大将军司马懿与曹爽共同辅佐曹芳执政。

曹爽是皇族宗室，自从辅政后，野心勃勃，要独揽大权。但是司马懿是三朝元老，功劳高，有威望，而且谋略过人，在朝廷中有相当大的势力，因此，曹爽还不敢公开和司马懿斗。而司马懿也想夺得大权，他早把曹爽的举动看在眼里，但表面上仍然装糊涂，后来，干脆称病不上朝。曹爽虽然一个人独揽朝廷大权，可他对司马懿仍然不放心。司马懿虽然自称年老多病，不问朝政，可他老奸巨猾，处事谨慎，谁知他是真病还是假病？

当初曹操创业的时候，听说司马懿胸怀韬略，多次派人请他出来为官，可司马懿出身士族，自视高贵，瞧不起出身寒门的曹操，不愿在曹操手下做官，就装病在家，后来见曹操势力强大了，才出来跟随曹操，为曹操出力。

这一次称病，谁知他是不是故技重演呢？

因此，曹爽对司马懿不敢掉以轻心，他经常派人打听司马懿的情况，可就是摸不到实情。

河南人李胜讨好曹爽，得到曹爽的信任，曹爽就把李胜召到京城，任命他为荆州刺史。

李胜临去上任时，曹爽安排李胜以探望为名到司马懿府中去探听虚实。

李胜见司马懿不断地喘息着，由两个侍女一左一右地架着，从内室慢慢走出，连忙站起身来向司马懿行礼问安。司马懿的儿子司马昭对李胜说："李大人免礼吧，家父身体难支，还要更衣。"

旁边走过一个侍女，用盘子端着一套衣袍来到司马懿面前，请司马懿更衣。司马懿颤颤巍巍地伸手去拿衣服，刚拿起衣服，他的手无力地往下一垂，衣服掉在了地上。侍女赶忙拾起衣服帮司马懿穿上。两个侍女搀扶着，小心地让司马懿半躺着坐在躺椅里。司马懿喘息了一会儿，慢慢地抬起右手，用手指指自己的嘴。一个侍女连忙出去，端了一碗粥来到司马懿面前。司马懿抖着手去接，可他的手抖动得太厉害，最终还是拿不住碗。侍女只好端碗送到司马懿的唇边，用汤勺一小口一小口地把粥送进司马懿的口中。司马懿的嘴慢慢地蠕动着，粥不断地从嘴角流出来，流到下巴的胡须上，又顺着胡须滴落在他的衣襟上。

喝着喝着，司马懿突然咳嗽起来，嘴里的粥喷了出来，不仅喷到他自己的身上，还喷了喂粥的侍女一身。

侍女放下手中的碗，拿过毛巾给司马懿擦身上的粥。

司马懿叹了一口气，闭上眼睛。

李胜看到司马懿这副样子，就走上前去对司马懿说：“太傅，没想到您的身体竟这样糟，我们真替您担心！”

司马懿慢慢地睁开眼睛，气喘吁吁地说：“我老了，又患病在身，活不多久了，我不放心的是我的两个儿子。你今天来了我很高兴，我以后就把两个儿子托付给你。”说着说着，眼中流下泪来。

李胜连忙解释说：“太傅不必伤心，我们都盼望着您早日康复呢。我马上要到荆州赴任，今天是特意来拜望您，向您辞行的。”

司马懿装糊涂，说：“什么？你要去并州上任？并州靠近胡人，你去了要加强戒备，防止胡人入侵。”

李胜见司马懿年老耳聋，连话都听不清楚了，就重复了一遍：“太傅，我不是去并州，是去荆州。”

司马懿听了，故意对李胜说：“你刚去过并州？”

司马昭凑上前去，大声对司马懿说：“父亲，李大人不是去并州，而是去荆州。”

“哦，是去荆州，那更好了。我人老了，耳聋眼花，不中用了！”司马懿对李胜说。

李胜认为司马懿确是老病无用了，就站起身来对司马懿告辞：“太傅多保重，您的身体会好起来的，以后有机会进京，我会再来拜望您的。”说完就离开了太傅府。

李胜出了太傅府，直奔曹爽府中，见到曹爽，高兴地说：“司马懿人虽活着，却只有一息尚存，已经老病衰竭，离死不远了，不值得您忧虑了。”

曹爽听了，心中大喜，当即把李胜留在府中饮酒庆祝。

从此以后，曹爽就不把司马懿放在心上了，更加独断专行。

春天到了，按照惯例，曹魏皇帝宗族要去祭扫高平陵。曹芳起驾，曹爽、曹羲等兄弟全部随驾同行，一行人耀武扬威，浩浩荡荡地开出了洛阳城。

等到曹爽他们出城不久，司马懿就精神抖擞地带领司马师、司马昭披挂上马，率领着精锐士兵占领了洛阳各城门与皇宫，把洛阳城四门紧闭，不准随便出入，然后假传皇太后的诏令，废曹爽为平民，并派人把诏令送到皇帝曹芳那里。

司马懿握有重兵，曹爽又没有防备，所以只能坐以待毙。

点评

司马懿在与曹爽争权的过程中，先故意装病，把大权让给曹爽。曹爽为了稳定他的权力，自然会打探司马懿病情的真实情况。如果司马懿果真病重，那么曹爽的权力威胁就解除了。曹爽对司马懿的装病信以为真，放松警惕，最终在外出时，被司马懿钻了空子，京城和军队被控制，曹爽处于被动局面，只能坐以待毙。这就是历史上的高平陵之变，司马氏掌握了曹魏政权。

司马懿在政变之后，独揽大权，而且在他去世后由他的两个儿子继续擅权，为孙子司马炎取代曹魏、建立晋朝做好了准备。由于司马氏取代曹魏的过程充满着虚伪和杀戮，所以司马懿在历史上的评价长期都是负面的。不过这个故事从侧面告诉了我们，一件事要能做成，前期周密的计划是非常关键的。

开卷有益

韬光养晦

韬光养晦，是指隐藏自己的才能，不外显出来，保全自身性命，以图将来崛起。

如果自己处于逆境，无法达到自己的目标，那就沉下心来，保持低调，培养自己的能力，等待适当的时机，会产生一鸣惊人的效果。

东汉末年，刘备在沛城被吕布打败，失去了根据地，到许都投靠曹操。

曹操灭掉吕布后，刘备不甘心久居曹操之下，又担心曹操会谋害自己。所以，他装出胸无大志的样子，在家后院开了一块地亲自种菜。一天，曹操请刘备小喝几杯，煮酒论英雄。酒至半酣，曹操说："当今天下英雄，只有使君与我。"

刘备心里一惊，手中的筷子掉到了地上。正巧雷声响过，刘备随机应变说道："圣人云'迅雷风烈必变'。一震之威，乃至于此。"

曹操听罢，认为刘备是个没有胆识的人，就对刘备放松了戒备。

刘备韬光养晦，从曹操的领地中平安脱身，日后成为了三分天下的一方霸主。

我们在生活中、工作中，也要韬光养晦。人生不如意之事十之八九，处于逆境是很正常的。这时候，人千万不能消极悲观，而要在逆境中充实自己的生活，培养自己的能力，让自己等待时机，最后奋力一搏。

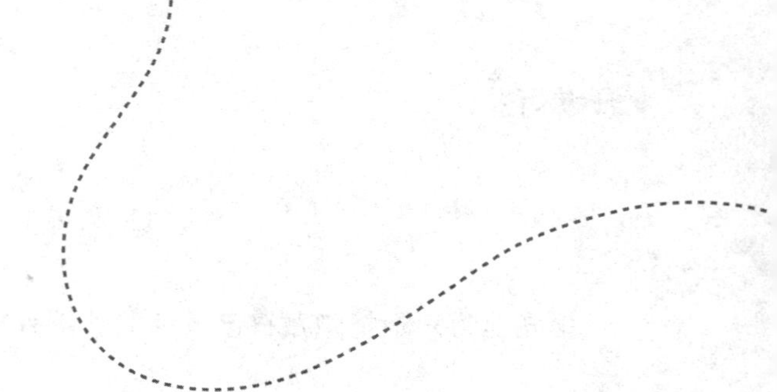

深藏不露：
不动声色立威信

事典

三国时期，吴国孙綝拥立琅琊王为皇帝之后，一家五位侯爵，都带领禁军，权力足以倾轧国君。

有一次孙綝献牛、酒给皇帝，皇帝不接受，孙綝就去找张布，酒喝得半醉时，对张布说："当初废掉少主时，许多人劝我自己登基为帝。而我认为当今陛下贤明，所以就拥立他登基，当今皇上如果没有我，就登不上帝位。如今我献上礼物，却被拒绝，将我看得跟一般臣子一样，我要慢慢想法子了。"

张布将这番话向皇帝禀告，皇帝记在心里，担心政事发生变化，就时常对孙綝大加赏赐，暗中对张布说："狐狸捕鸡的时候，一定先伏下身体，垂下耳朵，等到鸡来，鸡一看就相信狐狸没有企图，所以狐狸能够抓到鸡。假使狐狸瞪大眼睛看着对方，露出一副要扑杀猎物的样子，鸡也晓得要飞走，以逃避狐狸的气势。现在孙綝比鸡还狡猾，而我没狐狸聪明，不知怎么办才好。"

张布点头说："事情如陛下所说，如果一定要办，非丁奉不可。"

皇帝于是召见丁奉，告诉他说：“孙綝仗着威权，图谋不轨，我希望与丁将军一起除掉他，如何？”

丁奉说：“孙丞相兄弟朋党很多，怕到时大家想法不同，不能完全制服。但是可以借聚在一起打猎的时机，用陛下的武士杀掉他。”

皇帝接纳丁奉的计策，就举办猎会，邀请孙綝。

孙綝假装生病，皇帝硬要他起身，连续派了十几个使者去催促，孙綝不得已，只好去了。

孙綝一到，张布用眼色示意武士将孙綝捆绑，杀了。

张布拿着孙綝的首级，对众人说：“与孙綝同谋的人，一概不予追究。”

孙綝威权盛大，皇帝竟然在不动声色的情况下杀了他，臣子们都称赞皇帝睿智果断。

点评

孙綝无意中流露出了对皇帝的不满，隐隐约约有不臣之心。皇帝表面上对孙綝大加赏赐，暗中却和张布谋划铲除孙綝，张布向皇帝推荐丁奉。丁奉提出在猎会上杀掉孙綝。不就，皇帝成功地在猎会上不动声色地杀了孙綝，在朝廷中掌握了实权。

皇帝办这种事情须要找到忠贞、可靠而果断的大臣。大臣的嘴巴还要牢靠，不能泄露机密。而且皇帝本人还要下极大的决心。这是箭在弦上、不得不发的时刻。

这个故事讲述的是经策划后，不动声色地铲除权臣，对于这些阴谋诡计，作为当代人自然不能去效仿，但是故事背后流露出的智谋与决断，对我们还是有相当大的启发。这件事的本质是告诉我们决策定下之后，要坚定信念地做下去，才能达到自己的目标。

开卷有益

事情成功之前尽量不要张扬

我们做一件事，在成功之前，最好是不要说出来。因为如果你说出来，又没有做成功，会给他人一种浮躁的印象。

真正厉害的人，都会找准自己的目标，然后在做事情的时候，尽量保持谦虚、低调，默默付出，直到成功，一鸣惊人。人生要适当低调，不管什么时候，不要太露锋芒，让自己沉下心来，踏实稳妥地前行，这样的人生才有厚重感。

不要把你的目标太早告诉别人。如果告诉别人了，一传十，十传百，你无形中就成为了别人关注的焦点，反而不利于事情的进行。

当然，也不是说任何事情都要自己一个人去做，如果你所做的事情确实需要他人的帮忙，那你可以寻找几个牢靠的知己，和他们说一说自己的想法，从可靠的朋友那里得到关心和帮助，有助于更顺利地达成目标。

革除弊政：
唐玄宗的三把火

事典

历代皇宫中，都收养着大量的宫女，她们少年入宫，白首不归，在九重宫禁的深宫高墙之中，埋葬了自己的青春和生命，这是封建专制制度的罪恶之一，也是为天下人所深恶痛绝的。有些新上任的皇帝便以此作为否定其前任的突破口。

唐玄宗李隆基继位后，朝政大权被他的姑姑太平公主掌握。第二年他发动政变，诛杀了太平公主。又过了一年，他命令有关部门在崇明门准备好牛车，将后宫里过多的宫女遣送回家，并声称这些宫女都是太平公主选进的，与他无关。这就既否定了太平公主，又收买了民心，可谓一箭双雕。

当他失去帝位以后，他的儿子唐肃宗来了个“以其人之道还治其人之身”，也宣布放出宫女。

唐玄宗又被他的继任者否定了。

受益的自然是那些被遣放的宫女。从此，她们便可以过上常人的生活了。

玄宗继位以后，还干了另一件事。玄宗开元年间，一股股烈焰自皇宫的庭院内腾空而起，只见一群宦官将一匹匹绫罗绸缎、一捧捧工艺绝伦的玉珠饰物不断地投入火中。

在一旁监视焚烧的，除了宰相姚崇外，还有唐玄宗本人。

这是唐玄宗向天下人表示他要以俭治国的一次行动。

唐朝在开国之初，崇尚节俭，自武则天执政以来，奢靡之风愈演愈烈。她的女儿太平公主的府第，宝帐车马，如同宫殿。侍儿奴仆成百上千，一个个都披绫罗，穿绸缎。各地供奉的珍稀玩物不可胜数。她的孙女安乐公主有一条裙子，用天下各种禽鸟的羽毛制成，正面看为一色，侧面看又为一色，阳光下为一色，阴影下又为一色，仿佛能看到百鸟并集裙上。当时官宦人家都效仿她，以至天下珍禽异兽的毛羽采之殆尽。

唐中宗时，宰相宗楚客的府邸极为华丽，以至太平公主看到以后都叹息说，跟他相比，我们这些人都算白活了。

唐玄宗当政后，便以焚毁锦绣珠玉的行动，对前任又一次表示了否定。

唐玄宗还做过一件事，便是遣散僧尼，为国家财政减轻了负担。

总之，放宫女、焚锦绣、遣僧尼，是唐玄宗通过革除前朝弊政以否定前任的三项主要举措。

点评

唐玄宗即位后，针对前代的弊政进行了改革。他将后宫多余的宫女遣送回家；否定武则天以来的奢侈之风，通过焚烧绫罗绸缎和玉珠饰物来表示崇尚节俭的态度；此外还遣散僧尼，为国家财政减轻了负担。唐玄宗统治前期，锐意进取，知人善用，国力鼎盛，万国来朝，创造了历史上的开元盛世。但是后来他却骄傲自满，不再践行从前自己定下的规则，最终安史之乱爆发，他也在流亡之中失去了帝位。

唐玄宗的经历告诉我们：人应该谨慎自省，生活简朴，内心树立一个正确而长远的目标，然后朝着这个既定的规划，坚定不移地走下去，切不可半途而废，更不能因为完成了规划中的一部分，就骄傲自满起来。否则，不仅会使前面的努力付诸东流，还会面临一个无比糟糕的结局。

开卷有益

选准突破口，做好长远规划

工作中，有些项目可以马上看到显著成效，而有些项目需要稳打稳扎才能见成效。所以，我们做事情要有长远的规划，特别是要多做增后劲、益长远的事。

决策者不论是因工作变动而出任新职，还是刚走上决策岗位，想立竿见影地打开工作局面，做出颇有成效的事情，是很困难的。

有的决策者热情高，有乐观向上的精神，有十足的干劲，愿意把工作成果提上新的台阶，这是难能可贵的。但是新任决策者切不可急于求成，期望短期内就会出成绩。因为这样往往欲速则不达，造成揠苗助长的败绩。

对新任决策者来说，最应该做的事情是选准突破口。选不准，工作中会处于被动的境地，处处遇到阻力；选准了，会旗开得胜，水到渠成。

选准突破口，就是要解决眼下最迫切的问题。着眼于当下的同时，还要有长远的规划，既狠抓当下，也放眼未来，并且时时告诫自己要坚守原则和底线，不可松懈。

赏罚严明：
商鞅变法

事典

商鞅是我国古代的一位政治家。他本是卫国的没落贵族，听说秦孝公下令求贤，来到秦国。

秦孝公听商鞅谈论富国强兵之道，很赞同他的变法主张。于是任用商鞅，实行变法。

法令包括如下内容：承认土地私有，买卖自由，奖励耕战，建立郡县制。

商鞅担心老百姓不遵守新法，为取信于民，就在国都咸阳的南门外，立起一根三丈高的木柱子，命官吏看守，并且下令：谁将此木搬到北门，赏黄金十镒（古二十两为一镒，一说二十四两为一镒）。

当时围观的人很多，但大家一是不明白此举的意图，二是不相信有这等好事，所以没人敢动。

商鞅闻报，又下令把赏钱增加到五十镒。

老百姓更加怀疑了。

但重赏之下，必有勇夫，没出三天，就有一个不信邪的壮汉，把那木柱扛到了北门。

商鞅立刻召见了搬木柱的人，赏他五十镒黄金。

这个消息不胫而走，举国轰动，人家都说商鞅有令必行，有赏必信。

第二天，商鞅即公布法令，新法虽然遭到一些享有特权的贵族阶层的反对，但在秦国终于得到顺利实行。

点评

商鞅担心老百姓不相信政府，所以在南门外立起三丈高的柱子，下令谁将柱子搬到北门就赏黄金十镒。在老百姓没有反应的情况下，商鞅把赏赐提升到了五十镒。于是一位壮汉把柱子搬到北门，立刻被奖赏了五十镒。商鞅的变法虽然遭到了一些保守派的反对，但还是顺利执行了。商鞅变法为秦国未来的统一奠定了基础。

人人都爱戴言出必行的人。为人为事必须正直、诚信，才能让他人信服，才能得到别人的支持。

开卷有益

不要轻易承诺

当别人有求于你的时候，你首先要思考自己能不能做到。有的人不自量力，对朋友的请求一概答应。如果事情做好了，那当然好；如果事情没有做好，或者做不到，那就会被朋友认为是不守信用。

有一个小品，说的是主角本来在火车站没有熟人，但是他为了升职，硬是对其他人说能买到火车票。结果，人们都找他去买火车票，他有求必应。但是，他确实没有熟人，只好自己半夜三更去排队买票，把自己往死胡同上逼，搞得自己狼狈不堪。

这就是没有考虑自己是否有这个能力而轻易承诺他人的典型事例。如果票买来了，人们当然会认为他了不起；买不来，耽误了别人的工作，大家也就慢慢对他疏远。

在这里，我们强调，不要轻率地对朋友承诺。应衡量自己，如果能做到，当然可以答应帮助别人；如果自己真没有实力和条件，就不要承诺。尽量不说“这事没问题，包在我身上了”之类的话，给自己留一点余地。轻易给出的承诺，相当于勒紧自己脖子的绳索。我们在面对任何人提出请求的时候，要冷静地想一想，再做出决定。

以柔克刚：
王允计除董卓

事典

东汉末年，董卓乘尽诛宦官之机，专秉朝政，暴虐无道，杀戮百姓；司徒王允设离间计诛之。

桓、灵之世，外戚、宦官之间的斗争愈演愈烈，灵帝死后，刘辩即位，外戚何进秉政。何进决计尽诛宦官，可是何太后却不同意。何进不得已，只好召董卓进京。这一来，正中董卓下怀。这对当时摇摇欲坠的东汉朝廷来说，无疑是引狼入室。

董卓原本是凉州土豪。为人孔武有力，因镇压羌人起义有功，曾任中郎将、前将军。他素有野心，灵帝征他为少府、并州牧，皆不就，而是驻兵河东，坐待天下之变。得到何进召命后，他立即率部进京。何进因密谋泄露，被宦官张让等人抢先下手杀害。何进部下袁术、袁绍等，又率兵进宫，将宦官统统杀死。董卓进京后，并吞了何进及其弟何苗的部属，又使吕布杀死丁原，吞并了丁原的部众，于是势力大盛。随即，他废黜少帝，另立陈留王刘协为帝，自为相国，专秉朝政。

董卓擅自废立，篡夺朝权，加以为人暴虐，引起中央及地方官吏的不满。献帝初平元年（190年），关东州郡起兵讨伐董卓，推渤海太守袁绍为盟主，各路兵马有众数万，地方豪强亦都拥护袁绍。董卓见山东兵盛，就胁迫献帝迁都长安。行前，董卓驻屯毕圭苑，指挥部下在洛阳城内烧杀抢掠。洛阳周围二百里被夷为平地，室屋荡然，无复鸡犬；数百万百姓被驱赶至长安。由于饥饿寇掠，积尸盈路。献帝入长安后，董卓未至，朝政大小都委倚司徒王允。

王允字子师，灵帝时以司徒高第为侍御史，后特选为豫州刺史。献帝即位，为太仆，守尚书令。初平元年为司徒。他对董卓表面上曲意奉承，因而取得董卓的信任。董卓逼使献帝迁都长安时，他收藏保管兰台、石室所藏图书经籍，使古代经籍赖以保存。董卓至长安后，自为太师，位在诸侯王上，公卿百官皆媚事之；又在郿地修筑城堡，号“万岁坞”，高约七丈，其中积储的谷物可供三十年之用。而关东盟军内部意见分歧，无有力行动，根本没有对董卓的权势地位造成实际的威胁。王允于是与司徒校尉黄琬等人密谋，决定离间吕布与董卓的关系，借吕布之手诛除董卓。

吕布字奉先，善骑射，作战骁勇，有“飞将”之称。原先是并州刺史丁原的主簿，后来为董卓利诱，杀死丁原，归附董卓。董卓自知为人暴虐，起居行止总是以吕布担任警卫，对他甚见信爱，誓为父子。但是董卓性格刚褊，吕布曾小失其意，董卓就拔出手戟投掷过去，幸亏吕布身手矫捷，才幸免于难。吕布虽改容顾谢，心里却产生怨恨；又因与董卓的傅婢私通，内心益不自安。吕布与王允关系很好，就将自己的担心向允诉说；王允也将他们的密谋告诉了吕布，希望布为内应。吕布因与董卓誓为父子，不愿参与此事，王允却说：“君自姓吕，本非骨肉。今忧死不暇，何谓父子？掷戟之时，岂有父子情也！”吕布心动，当即应允。

献帝疾病新愈，大会朝臣于未央殿。董卓衣朝服乘车而入，因为怕人谋刺，陈兵夹道，左步右骑，戒备异常严密，又令吕布捍卫前后，吕布与骑都尉李肃、勇士秦谊、陈卫等十余人假扮成卫士，守候在北掖门内。董卓一入门内，李肃持戟刺之。因董卓穿着甲衣，戟只划伤了手臂。董卓从车上掉下来，惊呼：“吕布何在？”

吕布说道：“有诏讨贼臣！”

董卓对吕布大骂：“庸狗，敢如是邪！”

吕布也不多言，持矛将卓刺翻，命士兵杀之。吕布随即拿出诏书，向吏士宣读。吏士都正立不动，大称万岁，消息传出后，百姓在街道上载歌载舞；长安城中的士女都将珠玉衣装卖掉换酒肉相庆贺。董卓的弟弟旻、璜等及宗族都被郿坞的士兵砍射而死。董卓暴尸街头，当时天热，董卓体肥，以致脂流满地。守尸吏点燃大灯，置卓脐中，光明达旦。袁氏门生又焚董氏的尸体，扬灰于路。

点评

东汉末年，董卓原本是凉州土豪，在军队中不断升迁，后来进入洛阳，擅自废立皇帝，引起关东州郡起兵，董卓遂向西迁都长安。董卓为人残暴，对百姓烧杀抢掠。关东群雄火并，无暇西顾，身处洛阳的王允等大臣只能自己想办法对付董卓。王允利用董卓和吕布的矛盾，进一步挑拨他们之间的关系，最后利用吕布作内应，铲除了董卓。

王允面对权倾朝野、暴虐无道的董卓，发动政变铲除了奸臣。这一历史事件展现了以柔克刚、以弱胜强的智慧。

开卷有益

以柔克刚

老子《道德经》中讲道：“弱之胜强，柔之胜刚。”简而言之，柔弱胜刚强。在职场中，如果下属性格强势，冒犯决策者，决策者该用什么态度对待这样的下属？是向下属大发脾气，以暴制暴，还是用温和的语态积极与下属沟通？当然是后者。一名优秀的决策者应该要运用以柔克刚的智慧对待性格强势的下属。

当一个决策者面对情绪过激的下属时，必须使自己的心态保持镇定、平静，用心平气和的态度与下属交流，采用理智而灵活的处理方式化解双方的冲突。

柔，并不是说一味懦弱，无原则地迁就下属，而是说决策者的性格要沉稳，懂得克制，还要有自信的心态。

睿智的决策者可以在以柔克刚的同时，做到刚柔并济，进退自如。绝大多数下属在职场是为了养家糊口，不会惹是生非。要照顾下属的自尊，以礼相待，要让下属感受到你所做的一切都是为他好，而不是让他误以为你在针对他。决策者要有宽容大度的心态，表现出自己的人情味。同时，对待原则性的问题，态度要鲜明，一切按规章制度办事，绝不迁就，赏罚分明，言而有信。

柔弱并不是软弱。柔弱是指人要适当地处理事情，做到能屈能伸，方能创造灿烂的人生。

敛藏才智：
康熙帝夺回皇权

事典

清圣祖康熙皇帝名叫玄烨，是世祖顺治皇帝的第三个儿子。他熟读经史，聪明过人，胸怀大志，从小就立志要当个好皇帝。随着时间的推移，玄烨的才能逐渐显示出来。他 8 岁登基，英年早逝的顺治皇帝在临死之前留下遗诏，让索尼、苏克萨哈、遏必隆和鳌拜四位大臣辅佐小皇帝。在这四位大臣中，排在最后一位的鳌拜，是一位喜欢弄权的大奸臣。

鳌拜自幼跟随清太宗皇太极远征打仗，出生入死，屡建奇功，皇太极亲切地称他为大清的“巴图鲁”（即勇士）。鳌拜在辅佐康熙时专权自恣，作威作福，先后有多位大臣被他杀害、灭族、剿没家产。鳌拜在德高望重的顾命大臣索尼死后，更是肆无忌惮，每次上朝都站在苏克萨哈和遏必隆之前。所有的军国大事都是他说了算，连苏克萨哈和遏必隆也拿他没办法。

就在康熙亲政的第二天，苏克萨哈就偷偷上奏折，说自己宁愿去为顺治皇帝看守陵墓，并说只有这样，自己才能安享晚年。康熙看后大惑不解，于是在金銮殿上询问文武大臣其中缘故。站在众位大臣之首的鳌拜脸色阴沉，从鼻子里哼了一声。满朝文武都吓得不敢抬头，连大气也不敢出。康熙看看鳌拜，再看看文武大臣们，不明白他们为什么都不敢说话。

第二天上朝时，鳌拜首先上奏，罗列了苏克萨哈的 24 条罪状。康熙看后十分生气，因为其中都是些诬陷之词。鳌拜要求康熙下诏将苏克萨哈及其子、孙、侄等 11 人处死。康熙怎么也不相信苏克萨哈是奸王，他想驳回鳌拜的奏折。这时，鳌拜看出了康熙的犹豫，竟然不顾君臣之礼，跨步上前，边走边挽袖子，差点将拳头打在康熙的脸上。康熙求救似的看着满朝文武大臣，却没有一个人敢抬头。

最后，康熙被迫以绞刑处死苏克萨哈。下朝后，康熙回到寝宫，失声痛哭，他觉得自己实在不像个皇帝。经过这件事情，他终于看清了鳌拜的嘴脸，于是暗下决心，一定要将鳌拜除掉。

鳌拜还和穆里玛结成党羽，凡事在家议定，然后强迫康熙执行。对于这样一个气焰嚣张的权奸，康熙帝真是恨之入骨，但又不能轻易动手，他暗中找到索尼的儿子索额图，偷偷商量制服鳌拜的办法。他们决定首先要稳住鳌拜，决不能打草惊蛇，再将京师驻军将领换成自己的心腹，并且在鳌拜不起疑的前提下，训练一批可以制服鳌拜的勇士。

于是康熙在苏克萨哈死后没几天下诏，对鳌拜大加赞扬，说他是大清国的头等大功臣，并加封他为一等公兼太师。鳌拜十分意外，却也满心欢喜，他以为康熙在苏克萨哈死后害怕了。康熙假装不理朝政，将一切国事都交给鳌拜处理。自己则挑选了一群身体强健的小伙子，每天作“布库之戏”，“布库”是满语，意思是“撩脚”，即身体强壮的人徒手相搏，谁先趴在地上就算谁输。这跟我们今天所说的“摔跤”十分相像，以摔倒或两肩着地为输。上朝时也常常让他们站在自己身旁。鳌拜以为康熙年纪还小，玩物丧志，也没怀疑。

康熙有时遇到推不开的国家大事，就要亲自到鳌拜府上垂问如何处理。有一天，康熙又来到鳌拜府上商议朝政，鳌拜却假装生病，躺在床上。康熙坐了一会儿，关照他要保重身体，便起身要走。鳌拜想要起床相送，突然一把明晃晃的尖刀从枕边滑落在地，康熙的几名侍卫迅速拔剑在手，鳌拜的脸色顿时变得煞白。此刻，屋内的空气凝固了。只见康熙神态自若地捡起尖刀，若无其事地说道："刀不离身是我们满族人的习惯，老太师有病在身也没忘记这个习惯，实在值得我们年轻人学习！"一场蓄势待发的争斗就这样被康熙的机智巧妙地化解了。

两年后，练习"布库"的小伙子都成了身强力壮，拳棒皆精，个个都能以一敌十的武士，康熙认为诛灭鳌拜的时机到了。康熙八年（1669年）的一天，鳌拜又像往常一样来到南书房。他刚一进门，康熙便以掷杯为暗号，那群练习"布库"的少年蜂拥而上，转眼之间就把鳌拜捆得结结实实。这时，躲在康熙背后的索额图探身出来，不慌不忙地展开一份诏书，厉声念道："罪臣鳌拜，擅权误国，犯有大罪三十条，罪不容诛……"

直到此时，鳌拜才如梦初醒，知道自己中了康熙之计，仰天长叹："我鳌拜跟随太宗皇帝，出生入死，身经百战，攻无不克，战无不胜，不料今日却落入一个十几岁的小娃娃手中。真是早知今日，何必当初呀！"

鳌拜被捕后，交由有关衙门勘审，康熙有时还亲自审问。诸王、大臣纷纷上奏，请求立即将其正法。但是康熙念及鳌拜跟随先祖，立下汗马功劳，对社稷有功，不忍心将他诛杀，于是革去鳌拜的职位，罚没他的财产，将鳌拜和他的儿子一起关在监牢里，终身监禁，直至病死狱中。

鳌拜的党羽也受到审讯，康熙对该杀的决不留情，对有功的也决不滥杀。

年仅16岁的康熙帝，凭借自己的机智，一举铲除了鳌拜及其同伙，稳定了国家政局。

点评

康熙帝即位后，权臣鳌拜飞扬跋扈，专权自恣，甚至不把皇帝放在眼里，强迫皇帝下诏书迫害大臣。康熙帝决定铲除鳌拜。他集结了众多身强力壮的少年锻炼摔跤，然后等待鳌拜来到南书房，康熙帝马上召集那些少年把鳌拜当场擒拿。康熙帝夺回了皇权，稳定了朝政。

康熙帝的成功在于，他在处于弱势时敛藏自己的才智，不动声色地培养铲除鳌拜的势力，同时麻痹鳌拜。一切准备就绪后，对鳌拜展开突然袭击，使鳌拜防不胜防，终于巩固了自己的皇位，稳定了国家政局。

开卷有益

满招损，谦受益

骄傲使人落后，谦虚使人进步。

一个不把他人放在眼里的人，他人也不会把此人放在眼里。在生活中，那些人缘好的人，往往更能在事业中保持一个不败的地位。这是因为他们在为人处世的时候，首先做到了谦逊处世，不管自己能力多大，贡献多大，他们都能谦虚地对待他人，而不是高高在上，高傲自满。

所谓月满则亏，水满则溢。傲慢的人在生活中很难获得他人真心的认可，

从而导致自己无论做什么都困难重重，

当不被人理解时，傲慢的人一味地抱怨不公，而不去反省自己，是不是自己平时过于傲慢，说话没有分寸，或者过于锋芒毕露？

所以，我们平时在为人处世的过程中，切记谦逊为上。绝大多数的人都愿意和温和稳重的人相处。锋芒太露的人，会给他人一种偏激、争强好胜的不良印象。有时候即使他有才华，也会四处碰壁。

一个有真才实学的人，没有必要一开始就在别人面前全部展露出来。时间会证明一切。在与人相处、做事情的过程中，逐渐地说出你的想法，无形中展露出你的才华，你的能力才能更好地被他人所认可。

第二章

谋略的逻辑：攻心为上

在日常生活中，每个人都面临着几个方面的关系，包括上对下的关系，下对上的关系，以及同一层级之间的关系。

任何一方面的关系处理得不恰当，都会影响到自己的生活与事业，甚至会让自己陷入困境。

因此，懂得谋略逻辑，明白人心走向，便能在处理人际关系时如鱼得水，从而能够更加得心应手地解决问题，避免让自己陷入不好的境地。

神秘莫测：
善于制造神秘的朱元璋

事典

秦始皇为了制造神秘感，使人不知其居处，令人将首都咸阳两百里以内的行宫都以上下两层封闭的复道相连接。每一座宫殿都安排有固定的宫女驻守，他则乘车在密封的复道里四处巡游，今日住这里，明日住那里，无论住在哪里，都不许任何人向外泄露，否则便要处死。

明太祖朱元璋也总是如此神秘。

俗语说，神龙见首不见尾，永远身披一件神秘的外衣，如鬼神般出没，这正是一些王者常用的一种权谋之术。

朱元璋这个人疑心极重，他登上皇位以后，对他手下的那一帮人极不放心，于是从他开始，明朝逐渐建立了一些历朝都未曾出现过的特务机构，如“锦衣卫”“东厂”“西厂”。

开始的时候，他只是派自己的心腹侦察大小官吏们的活动。后来，他将身边的警卫机构改为锦衣卫，设立了专门的法庭和监狱，赋予侦查、缉捕的大权，使其成为一个真正的特务机构。

吏部尚书吴琳告老还乡以后，朱元璋仍不放心，怀疑他还有别的企图，于是派特务到他的家乡侦察他的举动，看他是否继续从事政治活动，近来行动是否有什么异常。

特务们到了吴琳的家乡后，见到了一个农民模样的人在稻田插秧，问道：“这里有一个吴尚书，不知道他住在哪里。”

那人拱手回答道：“我便是。”

朱元璋听到这个报告，十分高兴，因为他总算放心了。

这样的例子还有很多。

博士钱宰罢朝回家的路上，信口吟了一首诗曰：四鼓咚咚起着衣，午门朝见尚嫌迟。何时得遂田园乐，睡到人间饭熟时？

这本来是一件极为普通的并没有什么人在意的事情。没有想到第二天上朝时，朱元璋对钱宰说：“昨天的诗挺好！不过我没有嫌你啊，将‘乐’字改为‘陇’字怎么样？”钱宰一听，吓出了一身冷汗，连忙磕头谢罪。

朱元璋就遣他回老家，说：“我现在就放你回去，你可以安心睡觉了。”

原来，在钱宰罢朝回家的路上，有一个特务跟在他身后。在他吟出那首诗的时候，那个特务便将诗文记了下来，并马上向朱元璋汇报。

大学士宋濂有一天在家里请客，第二天，朱元璋问宋濂：“昨天喝酒了吗？请的是哪位客人？吃的什么菜肴？”

宋濂一一如实回答。

朱元璋听完以后，才笑着说：“没有骗我。”

搞得这位大学士丈二和尚摸不着头脑，还真以为这位皇帝老儿有什么先知先觉的神力了。

特务组织锦衣卫，为朱元璋的统治立下了汗马功劳，不仅增加了皇帝本身的神秘感，而且也发现了不少文武百官的违法行为，尤其是勋臣宿将们的胡作非为。

点评

明太祖朱元璋为了巩固自己的统治，建立了特务机构锦衣卫；明朝后世皇帝又建立了特务机构东厂、西厂。锦衣卫负责监督官吏们的活动，甚至连钱宰在回家的路上作了一首诗，宋濂在家请客吃了什么菜，朱元璋都知道。此外，锦衣卫还有权力逮捕和审问官员。锦衣卫的设置进一步巩固了皇权，增加了皇帝的权威，使皇权发展到了一个高峰。

在封建社会，皇帝要加强自己的权力，树立自己的威严，这固然没有错。但是，如果皇权集中得太极端，势必会造成皇帝滥用权力，削弱办事效能，从而产生危机。

开卷有益

以德服人

我们在人际交往中，要做到以德服人。以德服人就是用道德、人格魅力去深入人心，感化别人，让别人心悦诚服。

与以德服人相反的便是以强势压人，比如朱元璋便是以强势压人。在封建时代，朱元璋作为历史人物有其局限性，他通过锦衣卫控制下属，得到的是人们表面的顺从和内心深处的不服。

在当代生活中，朱元璋式的以强势压人自然是早已不适用于社会生活。在人人平等的观念深入人心的当下，以强势压人，很容易就会引起他人的反感，从而对我们所做的事情产生障碍。如果能采取温和的态度，柔软的方式去以德服人，则可以取得比强势压人更好的结果。

总之，在生活中，我们要注重提升自己的道德修养，在与他人相处中做到以德服人，以诚待人，把自己的爱心传递给他人，感化他人。如此一来，我们既向他人展示了善意，促进了事情的发展，同时也让自己的思想得到了升华。这样，我们才能赢得他人的尊重和信任，为社会的和谐贡献出自己的一份力量。

小恩小惠：
唐太宗的赏赐

事典

李大亮出任凉州都督时经常上书皇帝，或对国事提出建议，或对皇帝有所规劝。

有一次，朝廷派了使臣来到凉州，看到凉州有一种名贵的猎鹰，便劝李大亮献给皇帝。

李大亮因此上书唐太宗说："陛下为了集中精力处理国事，早已宣布不再打猎了，可是朝廷派来的使臣却索求猎鹰。这若是陛下的意志，表明陛下自食前言；如果是使臣自作主张，则又表明朝廷派遣的使臣不称职。"

虚心纳谏的唐太宗读后，感动于李大亮的忠直可信，除回信对他大加表彰外，还赐给他一只胡瓶和一部史书《汉纪》，并在信中说："胡瓶虽不是什么珍宝，却是我自己使用的物件；《汉纪》这部书，叙事条理分明，议论深刻博大，对如何治理国家，如何尽为臣之道，都有详尽的阐述，我赐给你，希望你在公事之余，认真阅读。"

所赐之物，真是微不足道，却别具一种亲切感，李大亮怎么能不备受感动呢？自然会更加效忠于皇帝了。

他在戍边期间，多所建树。

后来唐太宗将他调到长安，负责皇宫和东宫这两大宫廷禁地的保卫工作，他恪尽职守，每当他值夜班时，总是通宵不睡，以至唐太宗感动地夸赞说："你一值班，我便能整夜放心地睡觉。"

点评

唐太宗赏赐给李大亮的物品有自己使用的胡瓶和《汉纪》。在大臣的心目中，皇帝赏赐的物品即使不是奇珍异宝，也应格外珍惜、重视，因为这样的物品表达了皇帝对大臣的表彰和信任。皇帝把"御用之物"赏赐给大臣，这不是任何人都能得到的。得到这种赏赐的人都受宠若惊。

虽然皇帝"投资"不多，但还是收到了一本万利的效果。大臣会在工作上恪尽职守，多有建树，来回报皇帝。所以说，小恩小惠也能起到很大的作用。

开卷有益

为人才排忧解难

给人才优厚的待遇，从生活上关心人才，为人才排忧解难，让人才没有后顾之忧，是决策者调动人才积极进取的有效手段。

如果只给人才微薄的收入，并让人才做没完没了的事情，人才会感到压抑，感到自己受到了欺骗。这样的情况短时间内会使人才在工作中处于消极状态，从长期来说，这样的团队走不长久。

我们来看一看齐桓公是怎么对待管仲的。

管仲是春秋时期齐国著名的政治家、军事家和经济思想家。

齐桓公让管仲治理齐国，管仲对他说："地位低的人不能管制高贵的人。"

齐桓公任命管仲为上卿，但是齐国还是治理得不够理想。齐桓公问管仲是什么原因，管仲回答："贫穷的人不能驱使富贵的人。"

齐桓公让管仲改革商业税，但是齐国还是治理得不太好。桓公又问管仲："这是怎么回事呢？"

管仲回答："疏远的人不能管理亲近的人。"

于是，齐桓公尊管仲为"仲父"。

由于齐桓公给了管仲高贵的地位和无比优厚的物质待遇，管仲有职有权，使齐国很快走上了正轨。在管仲的得力辅佐下，齐桓公成为了春秋五霸之一。

只有主动为人才排忧解难，让人才没有后顾之忧，才能为人才创造舒适的工作环境，使人才得以尽心尽力地工作。

循序渐进：高洋前痴后明

事典

北齐开国皇帝高洋，是东魏大丞相高欢的次子。

高欢死后，长子高澄继任大丞相，都督中外诸军，坐镇晋阳；高洋则被封为京畿大都督，辅佐朝政。

高澄凶横暴烈，狂傲不羁，处处锋芒毕露，总揽朝政，不可一世。高洋的表现与其兄正好相反，温文尔雅，愚钝憨直，讷言少语，对国家大事总是睁一只眼、闭一只眼，得过且过。文武群臣素来看不起他。

高洋在兄长高澄面前也是百依百顺。他为夫人购置的服饰，高澄看上了据为己有，他劝夫人不要气恼。自己的美妾多次被高澄调戏，也佯装不知。

高澄对这个弟弟更是瞧不上眼，曾经说："我的这个弟弟如能富贵，那么预言吉凶贵贱的相面书就无法解释了。"

高洋退朝回家，常常是闭门静坐，对妻妾也说不了几句话。有时则脱了鞋，光着脊梁在院子里奔跳不停。想不到就是这个高洋，在局势突变时却仿佛成了另一个人，令人刮目相看。

高澄对皇帝元善见不满，赶到邺都与几个心腹密谋废立之事，被家奴聚众刺杀身亡。

高洋得报后，神色不变，率兵赶至，将凶手一一捕杀，对外则宣布大丞相只是在家奴造反时受了点伤，又向皇帝元善见请求护送高澄回晋阳养伤。

元善见立即准行，心中暗喜，认为高澄既伤，而高洋难成大器，威权当复归帝室了。

高洋回晋阳后，当即召集群臣布置政事，推行新法，革除弊政，晋阳被治理得井井有条，欣欣向荣，百官惊叹不已。

高洋见内外安定，这才宣布高澄去世，为其兄发丧。元善见认为他毫无野心，便晋封他为大丞相、都督中外诸军、齐王。

一年后，高洋率兵抵达邺都，逼元善见禅位。元善见闻知，惊得目瞪口呆，只好交出玉玺。高洋改国号为齐。

点评

北齐开国皇帝高洋平时温文尔雅，愚钝憨直，讷言少语，不仅兄长高澄看不起他，连朝廷里的大臣也看不起他。他对于兄长的侵犯一再退让。

但是在兄长高澄被刺杀后，高洋为了稳定政局，拿出了自己真正的实力，不仅将凶手捕杀，还推行新法，革除弊政。等到时机成熟，高洋取代元善见称帝，建立北齐。

这则故事说明了一个道理，当个人在工作与生活中处于逆境时，不可与强势的一方硬碰硬，而是要保持低调。一旦时机到来，就要顺势而为，把握机会，把自己真正的实力全部展现出来，做到一击必胜！

开卷有益

大智若愚

在金庸的武侠小说《射雕英雄传》里，男主角郭靖看上去总是傻傻的，可是他却又总能获得奇遇，最终成长为一个英雄人物。

在郭靖的身上，闪烁着一种宝贵的品质——大智若愚。

所谓的大智若愚，便是看上去似乎没有什么过人之处，甚至有些愚笨，但实际上是一个人智慧与涵养的双重体现。

他们聪慧，但是他们懂得收敛自己的锋芒，以免让他人不适；他们心地善良，所以宁愿吃一些亏，不去计较个人的一点得失；他们修养和能力又很高，在关键时刻总能起到关键作用。

对于我们来说，如果能在工作中做到大智若愚，那么就能收获良好的同事关系，也能更高地完成工作；如果能在生活中做到大智若愚，则可以让我们始终保持淡泊宁静的心态，从而更加得心应手地去应对生活中的方方面面。

归根结底，大智若愚的人能够基于强大的实力，锻炼出良好的心态，去解决人生所要面临的种种困境。

人情投资：对犯人法外施恩

事典

隋朝末年，天下动荡不安，各路豪杰并起，纷纷谋夺天下。

王世充是隋朝的地方官吏。他在此动荡时代，没有马上跳出来竖起义旗，而是暗暗地做一些基础工作。

江淮间的有些人彪悍轻狂，动不动就滋生事端，打架、斗殴乃至杀人是常有的事。再加上社会秩序不稳定，土匪、小偷多如牛毛，一时间，官府里捉拿的犯人太多，导致监狱都快关不下了。

王世充心想，这些人都是要钱不要命的歹徒，太平时节固然留不得，如今兵荒马乱之时，正好派上用场，将来举事时不都是以一敌十的好士兵吗？主意打定，他就利用手中的职权，对这些人逐一“审问”，然后大事化小，小事化了，将他们一一放出监狱。

这批歹徒本以为自己犯的事不杀头就算不错，没承想碰上这么一位“爱民如子”的好官，居然轻易就得回了自由，于是个个感激涕零，当场发誓说，以后王大人如有召唤，他们乐意将脑袋掖在裤带上跟着他去干一场。

王世充见计策快实现，心里暗暗高兴。

后来起义军声势越来越壮大，隋朝官员们再也坐不住了，不想把自己绑在这艘将沉的船上等死，纷纷造反。

大将杨玄感就是其中一位。由于杨玄感威望高，他的造反影响很大。

隋炀帝很畏惧他们的势力，派遣大将率大军征伐叛军，但再三攻打，都没有取胜。

王世充认为他的机会到了，他的如意算盘是，先打着王军的旗号发展势力，正当合法地招募人马，又能得到中央的财力物力支持，比率先打出义旗的人占优势得多。

于是王世充当机立断，招募兵马，江淮间子弟以前受过他的“恩惠”的，闻风而动，纷纷赶来效力。

每次打了胜仗，王世充都大肆褒扬部下，许多人都立功受奖。每次缴获的财物，都按人头分发下去，王世充本人丝毫不取。他的部下对他的无私、公正钦佩得五体投地，纷纷说：“不替这样的人卖命，替谁卖命？”

王世充的部队像滚雪球一般壮大了起来，隋军中，就数这支队伍功勋最为显著，不久便成为最强劲的军队。

点评

隋朝末年，隋炀帝实施暴政，民怨沸腾。天下动荡，豪杰并起，谋夺天下。

王世充作为地方官吏，对待犯人并没有就事论事地处理，而是大事化小，小事化了，把他们放出了监狱。犯人们对他感激涕零，愿意在王世充的旗帜下打出一片天地。王世充打了胜仗后，大肆褒奖部下，本人丝毫不取，赢得了部下的爱戴。

王世充在乱世能认清天下形势，懂得人心所归的重要性，所以做事情留有余地，为自己争取到宽恕他人的好名声，最终在隋末群雄的战争中脱颖而出。

开卷有益

此一时彼一时

太平年间的罪犯自然要受到王法的惩治，但是到了乱世，这些人却成了王世充眼里的可用之人。

老话说，三十年河东，三十年河西。

《孟子》言：此一时，彼一时。

昨天还是田间郎，次日也许就会因为环境发生变化而成为一方人物。

以上种种，无不在昭示着一个道理：兵无常势，水无常形。

引申到个体的身上，便是人无常态。

做事的关键是把事情做成，在遵纪守法的前提下，最快捷的办法是要根据形势不断调整做事的方式。事情在起变化，做事的手段自然也要跟着起变化。

如果一成不变地按着教条去做事，就容易犯教条主义的错误。古时候的寓言《刻舟求剑》就深刻地揭示了这一道理。

所以，回归到现实生活中，一个人如何才能贯彻好这一道理呢?

首先是要对现实有一个清醒的认知，昨天认定的事情，过了一个晚上，也许就需要重新评估一下是否还能按照之前的惯例去做。

其次是不断地更新自我的知识库，持续不断地学习新知识、新观点，让老旧的观念随着落下的太阳成为记忆，让新鲜的知识不断武装自己的大脑，从而做到时时领悟新观念，刻刻都能对出现的形势作出最接近事实的判断。

欲进佯退：
况钟除污吏

事典

官清，则民安。

历代清官都是敢于铲除社会邪恶、割掉官场“毒瘤”的人。

他们不畏强权，有胆有谋，被百姓尊为“青天”。

封建社会皇权至上，历来讲究人治而不是法治。人们为了能找到正义和公道，只好把希望寄托在理想化的清官政治上了。

宋代的包拯，明代的海瑞、况钟等人，就是这种清官政治的代表。

明宣宗时，地方吏治混乱，贪官横行，尤其苏州等几个大郡，更是政务繁重艰巨，难于治理。宣宗皇帝接到大臣密奏后，特地选派况钟等人为知府，并赐给他们皇帝手谕，可以见机行事，不用一一奏明朝廷。随后让他们星夜兼程，乘驿车前往赴任。

宣德五年（1430 年）秋，况钟到苏州府正式走马上任。

他一来到苏州府，就发现这里的情况远比预想的要糟。一群贪官酷吏，把持诉讼，巧取豪夺，胡作非为，要想彻底治理好这个地方，绝非一件易事！

他寻思良久，决心拿这些横行不轨的豪吏开刀，正本清源，为民除害。

第一天坐堂，他并不急于过问公事，而是装作一副木讷的样子，随意闲扯。环立两旁的大小官吏，刚开始还显得毕恭毕敬，有问必答，后来看见况钟懵懂可欺，似乎对官场上的事一窍不通，就放下心来。

他们心中窃喜，一个书呆子，没什么了不起，最终还得受我们摆布！

有的干脆走到公案前，替他批阅公文，审理案子。况钟佯做不知，还一个劲儿地点头称是。

有一位通判更是放肆无礼，公然拿况钟插科打诨，况钟也毫不介意，只是傻笑两声而已。

这样一连过了几天，群吏们已经把这个新来的州官完全抛到了脑后，不仅不收敛自己的劣迹，反而变本加厉，愈加嚣张。

其实，况钟心里明镜似的，把他们的一举一动都看在眼里。

他想，如果我一上来就大动干戈，势必会让这些家伙隐藏起来本来面目，不如让他们尽情地表演，一旦等我掌握了确凿证据，就有他们好瞧的了！

经过周密调查和暗中寻访，况钟已基本摸清了府里的底细，他见时机成熟，便毫不犹豫地拿这些“毒瘤”开刀了。

一日，他忽然召集所有的属吏前来议事，刚一落座，况钟马上摆出一副威严的面孔，两眼射出逼人的目光。那些平日里从不把他当回事的官员，见状不觉一惊，私下嘀咕道：“这个呆子今天怎么了！”

就在这时，况钟发话了：“我刚到苏州府时，各位总指点我应该怎么做。该做的，你们千方百计阻止我去做。不该做的，你们又想方设法怂恿我去做。今天，我要告诉诸位，究竟什么是我该要做的！”

他稍微停顿了一下，见下面的人在小声嘀咕，便接着说："诸位中的一些人，徇私舞弊，中饱私囊，置朝廷与百姓于不顾，罪当惩处。你们说，该判何罪？"

属吏们纷纷交头接耳，都称自己如何清白。

况钟厉声喝道："大胆妄为之徒，你们还敢抵赖！"

说完拿出一张事先写好的纸来，当众一一宣布，在何时何地，有多少人分别收取了多少贿赂，明细如账，不容抵赖，说得那些刀笔吏们，个个垂下头，再不敢声辩。

况钟同时罢免了数个贪污暴虐的官吏，清除了一批平庸懦弱之辈，大小官吏再也不敢贪赃枉法了。苏州的百姓更是欢呼雀跃，称况大人是"况青天"。

从此，况钟的名字，就在民间广泛传扬。

点评

历代清官都是不畏强权，敢于铲除社会毒瘤的人。况钟就是其中的一员。

况钟在苏州深知吏治混乱，贪官横行。仅仅凭借勇气无法与贪官抗衡。所以他把自己伪装成纵容贪官污吏的人，同时他暗中搜查证据，然后对贪官污吏狠狠地指责了一顿，将这些蛀虫个个绳之以法。况钟在苏州廉洁清正，被老百姓称为"况青天"。

由此可见，想要惩治贪官污吏，不能仅靠蛮干，而要讲究策略，以退为进，找到确凿的证据，然后再出其不意，从而维护正义。

欲擒故纵

孙子提出过一条重要计谋，就是欲进佯退，欲取佯予。

他说："敌方的使者对我们说话言辞谦卑，但是实际上又在加紧战备，这是要向我们进攻。"

兵不厌诈。本欲进，佯作退；本欲取，佯作予。撤退和给予都是为了欺骗敌方，从而达到进攻的目的。

公元前284年，燕昭王联合秦、赵、韩、魏四国兵力攻打齐国。半年时间，齐国除了莒和即墨两座城以外，其余城池都被燕国名将乐毅率领的联军攻占。

守卫即墨的齐国将领田单是个熟读兵法又有实战经验的人。他指挥军民固守城池，乐毅打了三年也没有打下来。

燕昭王去世后，惠王即位。田单先施"离间计"，让燕惠王用武夫骑劫代替乐毅。然后田单又施行欲进佯退之术，派城中的老人到城外骑劫的军营中，献上黄金，对骑劫说城中粮食已经吃完，兵员大减，守城的人大多数是老弱妇孺，即墨全城准备投降。老人言辞谦卑，骑劫放松了警惕。同时，田单暗中和城中军民一起加固城防，并且把自己的妻子也编入队伍，把家财散发给士兵。齐国士兵们被田单的行为感动，士气高涨，准备与燕军决一死战。

田单又准备了上千头牛，在牛犄角绑上尖刀，在牛身上画上奇异花纹，在尾巴上拴上浸了油的苇草。他还挑选了一批壮士，让他们整装待命。

夜已深，燕军以为齐军明天会投降，都进入了梦乡。

这时田单打开城门，点起牛尾上的油草，驱赶着牛群朝燕军军营奔去。睡梦中的燕军士兵被惊醒了，他们被眼前的情景吓呆了，纷纷逃窜。田单乘势收复了齐国七十余城。

人活在世上总会遇到不顺心的事。当我们碰到不可避免的激烈冲突时，我们可以用一种方法来处理，那就是“欲擒故纵，一举成功”。

也就是说，如果竞争对手实力太强，那就不要打没把握的仗，先来个“欲擒故纵”，退避三舍。如果能用退让换来彼此共同的进步，那就退一步海阔天空。如果退让也无法弥补彼此之间的裂痕，那就退让之后努力提升自己，用暂时的退却给自己争取时间，最终用努力换来的实力去战胜对手。

这一点，在商业竞争中尤其管用，不过，前提是一切都要在合法合规的范围之内。如果是退却之后去要阴谋诡计，而不是努力提升自己，那就算是暂时战胜了对手，也会给自己埋下不稳定的伏笔。

检举不法：
武则天的制衡术

事典

武则天篡权以后，遭到徐敬业等人起兵反对，从此，她疑心天下的人都在反对自己。

她的这个心思被鱼保家猜出来了。鱼保家本来也参与了徐敬业的谋反，帮助造反军队制造武器及车辆。徐敬业失败以后，他因罪行未暴露而漏网，便想尽量讨好武则天，向她提出了铸造铜匦的建议，所谓铜匦，即铜制的小匣子。

鱼保家还亲自设计出了铜匦的样式：一个方方正正的铜匣子，里面共分四隔，每隔上有一缝隙，可以往里投进材料，能进不能出。

武则天大为赞赏，立即命令如法制造，挂于朝堂之外，听人投诉，并指派专门的官员掌管，这便是检举箱的由来，鱼保家便是检举箱的发明者了。

说来颇具戏剧效果的是，鱼保家的仇人正是利用他所发明的铜匦，揭发检举了他参与谋反的罪行，他因此而被处死，这大约是他所始料未及的。这也算是作法自毙吧！

武则天一方面设置铜匭，一方面还鼓励天下四方之人赴京师长安告状。凡是有告密之人，大臣及地方官吏都不得过问，而且沿途由各驿站提供驿马、食宿。到了京城之后，安排住在朝廷专设的客舍里，即使是砍柴的、种地的，也会被召见，只要所告的事符合武则天的需要，便可破格授官，告的不符合事实，也不怪罪。

点评

武则天统治时期，设置检举箱，一时民间的意见也能上达天听。

这为武则天治理国家提供了广开言路的效果。老百姓可以告发有过失的官员，官员们会渐渐收敛自己的不法行为。

但是，同时也造成了告密之风的盛行，武则天手下的酷吏利用这个机制罗织了大量冤案。有的告密完全没有事实根据。但是酷吏们不辨真假，抓到人直接拷问，导致被逮捕的人屈打成招，含冤而死。恐怖气氛让天下人人自危，屏声息气。

这个事情告诉我们，很多事都是有利有弊，不能光看事物的一面而忽略掉另外一面。武则天作为历史人物，有其局限性，她想要制衡手下，选择了检举。作为当代人，我们要辩证地去看待历史人物的行为，要批判其消极的一面，发扬其积极的一面。

另外，武则天身居高位，自然是疑心重重，也可以理解。我们作为现代人，则完全没有必要像她一样疑心过重。我们在生活中与人相处时，要多把人往好的一面想，不要疑心太重，不要怀疑这个人，又怀疑那个人。因为，如果你总是不相信别人，总觉得别人在骗你，那么别人跟你相处的时候会很累，久而久之就疏远你了。别人和你相处很累，其实，你的心也累。

开卷有益

决策权的合理划分

武则天晚年的失败源自于权力的失衡，她的年迈是促成这一失衡的重要原因，这就是整个决策机制过于依赖一个人所造成的后果，靠检举箱制度是没有办法消弭这个后果的，这也是其历史局限性。

由此引申，回归到现代社会，以一个公司为例，我们能从中汲取的智慧便是：一个能形成制衡且稳定的决策机制才能避免公司走向瓦解。一个能成事的团队，除了形成成员之间的决策制衡，首先还得是一个整体结构稳定的团队。团队的结构稳定，则取决于决策者所制定的决策权划分是否合理。

决策者对整个公司的管理，是个复杂的工程，这就需要将决策权按管理层次划分。任何团队都具有一定的结构，被划分为一定的层次。只有根据这种结构和层次合理配置各级决策者的决策权，并保证决策权在行使过程中保持独立性，不受其他因素的干扰，才能充分发挥各级决策者的作用。

决策者要根据管理职能设置机构，配置岗位职责。

决策者自上而下的主要管理手段分为两种：

一是报告工作，即下级要定期向上级报告工作；

二是进行检查，即上级对下级执行计划、决议、命令的情况进行检查。

对不同层次、不同岗位的决策者，在管理中应各有侧重，有所区别。

高层决策者主要担负决策和指挥，重点放在管理；中层决策者主要担负综合协调工作，重点放在检查工作效率；基层决策者主要担负执行政策、组织实施，重点放在执行效率。

只有在管理中合理划分决策权，各有侧重，才会使团队成员之间的决策形成制衡，最终打造出更加稳定且拥有强大凝聚力的高效率的管理团队。

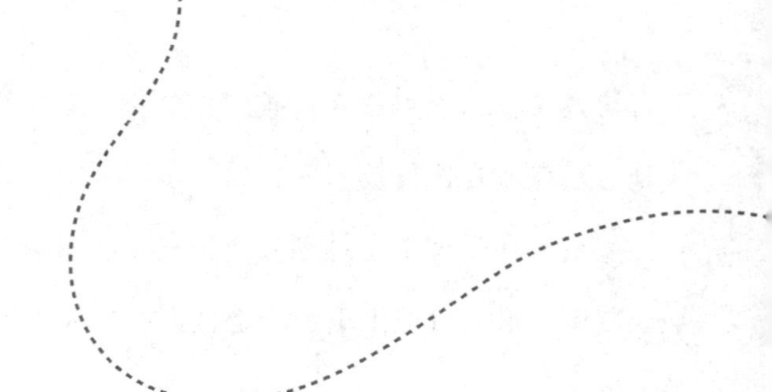

攻心为上：
徐庶进曹营

事典

建安六年（201 年），袁绍在仓亭的军队被曹操击败。曹操趁机进入汝南地区，计划彻底清除刘备在豫州一带的力量。

刘备无力与之对抗，只好退入荆州，接受荆州刺史刘表的保护。刘表以刘备素有英雄之名，予以厚待，并令其守驻新野，训练军队，作为防备曹操南侵的第一线。这时的刘备，寄居刘表篱下，而且不时受到荆州权臣及将领们的猜忌，复兴汉室的远大抱负难以实现，郁郁不得志。

时有颍川贤士徐庶因替乡邻报仇，杀了当地恶霸，逃亡在外，改名单福，避居荆襄地区。刘备到新野后，勤政爱民，被民间以歌谣颂之曰："新野牧，刘皇叔，自到此，民丰足。"

徐庶仰慕刘备的为人和曾经参与刺杀曹操的英雄气概，早有投奔之心。

在一次偶遇中，徐庶先对刘备作了一次试探。他称刘备所乘之马匹虽能日行千里，但"妨主"，不可乘，并怂恿刘备先将此马送给有仇之人骑乘，待

“妨主”之后，再索回自用，当即受到刘备的拒绝和批评。

徐庶确认了刘备仁义可信，遂接受聘请，任刘备为军师。

刘备待徐庶不仅谦恭有加，而且毫不隐讳地告知自己的尴尬处境，其忠恳坦诚，令徐庶感动，便也以真诚之心回报刘备。

建安十二年（207 年）曹操欲取荆州，派曹仁等将领统率三万兵马向新野杀来。面对十倍于自己的敌人，刘备虚心听取徐庶的谋划，接连两次把曹军打得败溃而逃。损兵折将之后，曹操断定刘备定有高人辅佐，经打探知是徐庶。

爱才，且总想把别人的人才变为己有的曹操，知道徐庶为人忠孝，幼年丧父，现只有老母在堂无人侍奉，便差人将徐母骗至许都，令徐母写信招降徐庶。遭到拒绝之后，又伪造徐母手笔，送至新野，令徐庶“连夜赶来，以尽孝道”。

孝顺的徐庶见到信后，哭着来向刘备辞行。正因为得到徐庶这位精通兵法的军师和知己而信心倍增的刘备，深知徐庶此去很可能与他再也无缘相见，这样一位高级顾问的离去不仅是自己事业上很大的损失，而且很有可能使曹操猛虎添翼。但是，他也知道爱惜人才，首先要尊重人才，自己只能做以仁感人的君子，而不能强取豪夺。于是刘备不仅没有强留，反而流泪劝慰徐庶：“子母乃天性之亲，不必以备为念。”

当时有孙乾等人对刘备说：“元直天下奇才，久在新野，尽知我军中虚实，今若使归曹操，必然重用，我其危矣。主公宜苦留之，切勿放去。操见元直不去，必斩其母。元直知母死，必为母报仇，力攻曹操也。”刘备却以铿锵有力的回答令众人慨叹：“不可！使人杀其母，而吾用其子，不仁也；留之不使去，以绝其子母之道，不义也。吾宁死，不为不仁不义之事。”

刘备备酒为徐庶饯行，二人相对而泣。

马至长亭，刘备又下马相送，恋恋不舍之情令徐庶愈加感动。徐庶当即向刘备表示，此去曹营，纵使曹操相逼，也决不为其献谋划策。

刘备又谆谆叮嘱徐庶到曹操处后尽心侍奉老母，勿以自己为念。

徐庶挥泪上马，须臾，他又拍马而回，十分严正地告知刘备，他有一好友，住在襄阳城外，此人有经天纬地之才，正好为刘备所用。

刘备高兴地请徐庶为之引荐，徐庶却说："这位朋友生性淡泊，除非您本人亲自前去邀请，他是不会主动求仕的。"说罢疾驰而别。

徐庶到曹营后，老母方知是曹操用计把儿子骗来，责怪儿子不该对伪书未加详察而信以为真，以致"弃明投暗，自取恶名"。之后，自缢于梁间。

徐庶丧母后，凡曹操所赠一概拒受，凡曹操所问一律不答，身在曹营，却始终如一地恪守着自己的诺言，不曾为曹操出一谋，献一策。若不是刘备以人子之心对待徐庶之母，在人才和仁义之间选择了仁义为上，该不会有如此成就吧！

点评

这是《三国演义》中的一段故事。徐庶先开始辅佐刘备，展露出了自己的才能。不料曹操把徐庶诱骗到自己的阵营。徐庶在临走的时候，不忘告诉刘备要他自己去请诸葛亮出山相助，并且答应刘备决不为曹操出一谋，献一策。徐庶到曹操阵营后，知道自己上了当，而且母亲感到羞愤，上吊自杀。

徐庶坚持自己的原则，选择了仁义可信的刘备，即使在曹操阵营也不发一言。他恪守忠孝，让人敬佩，也发人深思。

开卷有益

真心待人

不管是在职场上，还是在生活中，人与人相处最重要的方式是，真心待人。

职场中任何用人行为，要想顺利进行下去，都必须具备两个条件：第一，决策者愿意任用下属；第二，下属愿意接受决策者的管理。

两者相比起来，后者比前者重要，难度也更大。因为决策者要了解下属的内心世界，还要进一步与下属达成默契，使下属打心里信你，敬你，服你，心甘情愿为你效力。为了得到下属发自内心的认可，决策者必须真心对待自己的下属，不可虚伪地说一套、做一套。因为不真诚的决策者骗得了下属一时，骗不了一世。

曹操利用徐庶对母亲的孝顺，设计将他骗到自己身边。结果徐庶的母亲因羞愤而自杀。曹操并没有得到徐庶的心，得到的只是一个对他离心离德、一言不发的人。

刘备三顾茅庐，不辞辛劳地拜访诸葛亮。他招贤纳士的诚意和虚怀若谷的美德令诸葛亮感动，诸葛亮欣然接受了刘备的邀请，帮助他兴复汉室。

上述两则用人的故事，从反面和正面说明了真心待人在用人行为中所起的重要作用。

刚柔并济：吕雉巩固权力的手段

事典

吕雉嫁给刘邦后，夫妇间相亲相爱，勤俭度日。为了生计，刘邦四处奔波。吕雉没有因为自己曾是大家闺秀，对贫困叫苦连天，反而情愿帮助丈夫，挑起了一家生活的重担。

公元前209年，陈胜、吴广在大泽乡领导的农民大起义爆发了。刘邦也借此机会在沛县招募了3000多人，杀了县官，发动起义。他被推举为县令（沛公）。

吕公见天下大乱，刘邦又很有可能成大气候，便让吕雉的两个哥哥吕泽、吕释之跟随刘邦一起起义征战。

刘邦整天在外打仗，吕雉和两个孩子只好待在家里。公元前206年，刘邦回师关中，派薛欧、王吸出兵武关（今陕西丹凤），与王陵合兵出击南阳，进而前往沛地老家迎接刘太公和吕雉。楚王项羽听到这一消息，派兵前往阳夏（今河南太康）阻拦，刘邦与家人团聚的愿望未能实现。公元前205年，刘邦号召各诸侯国讨伐项羽，遂进攻项羽大本营彭城（今江苏徐州），结果惨败。

公元前203年，楚汉双方停战，达成和约：划鸿沟为界，沟以西归汉，以东归楚。项羽把吕雉及刘太公归还刘邦。

由于刘邦生性风流，在与吕后结婚以前，就已经与一个姓曹的女人姘居，生了个比吕后所生的儿子还大一岁的儿子，名为刘肥。后来又与一个姓戚的女人生了个儿子，名为刘如意。不久，刘邦又与姓薄的女人生子，取名刘恒。自从刘邦做了西汉开国皇帝以后，所生的子女连刘邦自己也认不过来。

公元前197年，刘邦临朝，突然提出废太子刘盈，立赵王如意为皇太子，刘邦郑重地说："太子盈生性懦弱，怎能继承大业？赵王如意，却十分聪明伶俐，唯有他，能继承大统！"说罢，便命人起草废立诏书。大臣们见刘邦态度坚定，都沉默不语。

公元前195年，刘邦因征伐英布而前胸中了一箭，箭伤日益严重。他担心自己活不了多久，再次想废太子刘盈，立赵王如意。吕后急忙找她的哥哥来商议。吕释之认为，此事看来只能去求救于足智多谋的张良，皇帝器重他。起初，张良执意不肯出主意。后来在吕释之的胁迫下，才献出一计："改太子之事很难用口舌去争辩取胜。秦末时有四位老人，逃匿山中，誓不为汉朝的臣。然则皇帝对此四人却很敬重。如果太子能亲书一封，去请他们来，请来之后，让他们时时随太子入朝，让皇帝知道了有这四人辅佐太子，就不会再改立太子了。"于是，吕后便依张良之计，把四位老人请到太子府。

刘邦在未央宫前殿举行家宴，太子刘盈自然在座。刘邦看见有四个鬓发斑白、衣冠楚楚的老者在太子左右侍奉，问他们是干什么的。那四位老人各自报自己的姓名，刘邦一听，惊异得瞪大了眼睛，这不是"商山四皓"吗？

刘盈保住了太子的位置。

韩信为刘邦打天下立过大功。被封为楚王。当时，刘邦已对他存有疑心。

刘邦登位的第二年，有人密告楚王韩信有谋反的意图，刘邦忙召陈平进宫商议对策，陈平献上一计。

第二天一早，刘邦派出八名使者，分别奔向楚、韩、梁、赵等八个诸侯国传皇帝诏书，圣驾近日将南游云梦，命令诸侯王会集陈地迎候。韩信接旨后立即赶往陈地迎驾刘邦，被刘邦逮捕，由楚王贬为淮阴侯，并被软禁在长安。

代国丞相陈稀对刘邦的统治很不满，发动叛乱，自立为王。刘邦亲自率兵出征讨伐，要韩信一同前往。韩信装病，拒不从征。

几个月后，厄运又降临到彭越身上。彭越也是刘帮手下的著名大将，被封为梁王。有人诬告彭越伙同部将合谋造反，又因无证据，皇上只得免其死罪，废为庶人，发配蜀中。吕后得知此消息，立即起驾长安赶往洛阳来见刘邦。车驾走到郑县，恰巧与发配途中的彭越相遇。吕后装出十分惊讶的神色问道："彭将军所犯何罪，竟至于此？"彭越向她诉说了自己的冤屈，彭越以为吕后真的会同情他，想通过她为自己多多美言，皇上也许能有回转之意。

吕后回到洛阳以后，立即去见刘邦，对他说："臣妾在长安闻报梁王彭越谋反，陛下不加以重罪，恐有放虎归山之患。"

刘邦说："梁王谋反，查无实据。姑念他立功卓越，才饶他一死。"

吕后连连摇头道："彭越乃一大丈夫，岂肯就此伏罪？若将他发配蜀中，万一再图谋反，凭借天府膏腴之地，兵精粮足，只怕陛下无良将可抵御！"刘邦听后，觉得言之有理。

彭越一心等着吕后说情，诏令下，竟是"判死罪，立即枭首示众，夷三族"。彭越死后，他的尸体被剁成肉酱。

吕后辅佐刘邦，在汉朝建立后的7年间，先后翦灭了韩信、彭越、英布、卢绾等异姓诸王，巩固了汉朝的统一。

公元前195年，汉高祖刘邦死于长乐宫，享年63岁。刘邦死后，17岁的皇太子刘盈继皇帝位，吕雉被尊为皇太后。

皇帝驾崩以后，按理说，应当是赶快讣告天下，宣布由太子继承皇位，给百官升官晋爵，让他们宣誓为新皇帝效忠。

王陵、陈平提出请吕家的人担任宫廷守卫，正中吕后下怀。吕后知道一帮老臣追随刘邦打下天下，肯定不会同意吕家的人封王，于是便在朝会的时候试探地问右丞相王陵，王陵回答："高帝临终时放心不下，杀了白马与众大臣歃血盟誓说：'如果不是刘家的人称王，天下的人联合起来击破他！'现在封吕姓为王，不是当初的盟约啊！"

吕后听了这话很不高兴，又问左丞相陈平、太尉周勃，周勃等人回答："现在太后君临天下，封王吕家的人，没有什么不可以的。"吕后非常高兴，宣布散朝。

当封刘肥的儿子刘章为朱虚侯后，吕后便把侄子吕禄的女儿嫁给了他。

赵王刘友的王后，是吕家的姑娘，刘友很不喜欢她，却喜欢其他的妃嫔，吕后勃然大怒，派使者星夜从千里之外召回赵王。赵王来到京城后，被囚禁起来。吕后命令士兵严加看管，不许给他饭吃。有人可怜赵王，暗中给他送食物，吕后知道立即处死了这个人。从此，再没有人敢接近赵王。最后，赵王活活饿死，按照普通老百姓的身份将其安葬。

同年，吕后又把刘邦的第五个儿子梁王刘恢立为赵王。为了监视赵王刘恢，吕后把侄子吕产的女儿嫁给他做王后。王后的随从也都是吕家的人，他们横行无忌，赵王的行动自由都被剥夺了。赵王有一位爱姬，被王后派人用毒酒毒死。赵王敢怒不敢言。不久，赵王便自杀了。

吕太后在治理天下这方面，有胆识、有魄力。她发布的第一道制书是：废除屠三族和治妖言罪的旧法令。汉惠帝刘盈就觉得这条法令过于严酷，曾准备予以废除，可是当时朝廷上议而未决，没有废除。而吕太后终于下令把它废除了。

点评

吕雉本来只是刘邦的妻子，勤俭度日，夫妻恩爱。后来天下卷入反秦的战争中，紧接着楚汉争霸，以刘邦的胜利而告终。刘邦称帝，吕雉成为了皇后。吕雉为了保住儿子刘盈太子的地位操碎了心，而且帮助刘邦铲除诸侯王，巩固了刘邦的权势。在刘邦去世后，吕雉提高吕家宗族的地位，打压刘姓诸侯王，展现了残忍的一面。同时，废除严苛的旧法令，也体现了她治国有作为的一面。

吕雉在执政方面做出了成绩，这是值得肯定的。但是她的权欲在群臣间造成了恐慌的气氛，所以在她去世后，她的家族成员遭到了杀害。假如她对吕氏家族的人凭才能而任用，团结各刘姓诸侯王，以太后的身份尽心指导自己的儿子当政，她在历史上会留下更好的名声。

开卷有益

作为一名决策者，一定要洁身自好。

在他刚刚上任的时候，对他的考验就开始了。内有自己的亲人，外有他的同僚、朋友，总有人想通过对他投其所好来获取自己的利益。

如果不能洁身自好，为了一时的利益而突破了做人、做事的底线，那么就会让自己陷入险地。哪怕后来后悔了，也很难再走回正道。如此一来，声誉就受到极大的玷污，其他人也不会打心底里再尊重他。

所以，作为一名决策者，刚刚上任的时候，就要振作精神，端正自己的态度，检点自己的行为，不能帮忙的事要拒绝，要坚守底线，知法、懂法、守法，同时也要守住自己做人的良知。

作为决策者，为人处世的时候要比其他人更加谨小慎微，一定要严于律己，不论做什么决策都要以合法合规为基本原则。假如放松警惕，对一些事睁一只眼、闭一只眼，那么迟早会有后悔的一天。

当然，也不能因为洁身自好就变得冷漠无情。对于一些合法合规的事也袖手旁观，是不行的。面对各种情况，需要认真地考虑事情的客观性，以洁身自好、知法守法为原则，做出公正恰当的决策。

恩威并重：
晋文公严惩纵火人

事典

春秋时期，晋国的国君晋献公有 5 个儿子，他们是：申生、重耳、夷吾、奚齐、卓子。这五个人都是同父异母的兄弟。太子申生的母亲很早就去世了，在 4 个妾妃里，最受晋献公宠爱的是奚齐的母亲骊姬，不久，献公就把她立为夫人。

骊姬是一个诡计多端的奸诈女人，为使自己的儿子被立为太子，利用卑鄙的手段逼死了太子申生。

申生一死，重耳和夷吾料到厄运将要落在他们头上，于是分别逃亡国外。

公元前 651 年，晋献公去世，立 11 岁的奚齐为国君，朝内有两个大臣对此十分气愤，利用吊唁献公的机会，杀死了奚齐，此后一段时间，晋国一直没有国君。这时，夷吾利用花言巧语骗得了秦国的信任，在秦国的帮助下，做了晋国的国君，这就是晋惠公。夷吾是个无德之人，在位期间，天怒人怨，他害怕德高望重的重耳夺他的君位，派刺客刺杀重耳。

倒霉的重耳在国外颠沛流离，备受艰辛。多亏跟随他的一班大臣披肝沥胆，忠心佑护，才得以活下来。这当中最忠于他的是魏仇和颠颉两人，一直跟随重耳流浪了19年。

有一年，重耳逃到了曹国，受到了曹国君主曹共公的冷遇，连一顿饭也没吃上。曹国有个大夫叫僖负羁，十分同情重耳的遭遇，私下里为重耳设了一桌丰盛的酒席，并赠送他一块贵重的白玉。重耳对僖负羁的恩德铭心刻骨，发誓将来一定报答。

重耳逃亡19年后，终于在秦国的帮助下，做了晋国的国君，这就是晋文公。

晋文公发奋治国，国势不断强盛，加之有魏仇、颠颉两员大将东挡西杀，南征北战，不少小国向晋称臣纳贡。

打下曹国之后，重耳逃难时的那口气总算出了；同时也没有忘记报答僖负羁对他的恩德，打算重赏他，可是，在曹国大臣的名单上怎么也找不到僖负羁的名字。原来，在重耳逃难曹国的时候，曹共公得知僖负羁私下设宴款待重耳，十分恼火，已将他革职为民了。

重耳得知僖家住在北城门，立刻派兵保护僖负羁的住宅，并下令“不论何人，只要冒犯僖负羁，就判死罪”，并决定委以重任。

魏仇和颠颉听了这道命令，心里很不服气，认为他们跟随重耳19年，受尽了无数艰难困苦，又在战场上屡立战功，而僖负羁只不过费了点酒饭，待遇却要高过他们二人，越想越气。

颠颉提议说：“不如放一把火，把那个老家伙烧死，不信国君能判我们死罪。”

魏仇说：“对，就这么办！”

于是，这两个居功自傲的家伙在夜半时分，乘着酒兴，在僖家房屋周围放起火来。火借风势，越烧越猛，把僖负羁烧死了。

晋文公得知这一消息后，即刻赶来，而僖负羁已一命呜呼了。他十分生气，得知火是颠颉和魏仇放的，派武士将他二人带到法场，准备开刀问斩。

这时，朝中不少人为他们二人讲情："他们跟随主公 19 年，战场上勇猛拼杀，屡立战功，还是往轻里办吧！"

晋文公说："有功劳的人就允许犯法，那往后法令还有用吗？功是功，过是过，赏罚必须分明！"于是，杀掉了颠颉，考虑魏仇属于胁从犯罪，免去了死罪，但削职为民，做了老百姓。

事后，将士们都倒抽一口冷气，议论说："颠颉和魏仇有了 19 年跟随主公的大功，又立了不少战功，可是，一朝违犯军令，重的死罪，轻的革职，其他人犯了法令更别提了。"从此，上下三军全都不敢含糊了。

点评

晋文公还没有当国君的时候在外逃亡，经过曹国，曹国大夫僖负羁对他十分友好，晋文公把这份恩德记在了心里。等晋文公担任国君之后，他千辛万苦地打听僖负羁的下落，并且保护他的住宅。与晋文公共患难的两位大臣魏仇和颠颉颇不服气，擅自做主火烧僖负羁的住宅。晋文公得知此事，不顾其他大臣的求情，做了公正的处治。

晋文公懂得感恩，对落难时帮助过他的人给予帮助。而且，晋文公秉公执法，即使是曾经共患难、帮助过他的人，只要做出了恶劣的事情，还是会加以惩处，根据不同的情况采取不同的处罚措施。魏仇和颠颉居功自傲，自恃曾经与晋文公的交情深，就做出了伤天害理的事情。其实，他们应该在职位上尽他们的本分，而不是得意忘形。

开卷有益

团结一致才能做好事情

决策者在团队中要尽量做到恩威并重，对于下属，要从精神和生活上关心他们，更要在规则上严格要求他们。团队中制定好的规则，就一定要执行到底，不能因某个人的原因而“打折扣”。

有一位田径教练，发现运动员头发过长，便苦口婆心地劝他们把头发剪短。他的理由是：团队规定是不能留长发的，所以问题不在于头发的长短，而在于他们是否遵守团队的规定。

如果定下了规则，那么就要让团队中的每个人都去遵守规则，如果发现有人突破了规则，而不去改正此人的行为，那么规则就会形同虚设。

现代社会分工明确，一件事情往往需要很多人去合作才能完成，所以能否团结下属，朝着一个目标前进，是事情是否能做成的关键。

例如，在一个团队中，如果员工不能服从公司的命令，那么会产生障碍，阻挠工作任务的完成。反之，如果能做到令行禁止，这样的团队无论面对任何事情都能胜人一筹。

并不是要将公司的员工训练得没有自己的想法，什么都要服从团队的意志。而是指在大的方向上不能违反规定，在个人的创新能力上，可以给予一定的空间，让其发挥自己的聪明才智。

要实现团队一致朝着目标进发，需要考虑多重因素，让团队中的成员遵守规则是一种因素，让团队中的成员能尊重决策者也是其中的关键因素所在。恩威并重，才能让团队成员尊重决策者，遵守规则，从而实现合作共赢。

收放自如：
李世民巧服人心

事典

尉迟敬德，原在义军宋金刚手下，后归李世民，为唐朝开国大将，广立战功。他为人鲁莽骄悍，却又忠正刚直。

一次，唐太宗与吏部尚书唐俭下围棋，唐俭抢先占据有利位置，与太宗发生争执。太宗一时动怒，就下令把唐俭调出中央，贬为潭州刺史，但仍余怒未消，便对尉迟敬德说："唐俭轻视我，我想把他杀了，你替我作证，就说他对我有怨气，出口不逊。"

第二天，唐太宗便让尉迟敬德和唐俭当面对证，敬德叩头至地，说道："我确实没听说过。"唐太宗反复再问，还是这样回答。唐太宗一怒之下把手上的玉板摔碎在地，拂袖入内。

过了一会儿，太宗忽命设宴请三品以上的高官都入席。席间，太宗李世民面对众臣说："尉迟敬德刚正不阿，今日之事，使三方面都得到了利益：唐俭免去了冤枉定下的死罪，我不致落下个枉杀无辜的恶名，敬德也免得违心地服从我，这是三利；我有改过自谴的美德，唐俭有重获生命之幸运，敬德有忠正刚直的声誉，这是三益。”唐太宗便赏赐尉迟敬德千匹缎子，大臣们都向太宗祝贺。

尉迟敬德依仗自己有功，便骄傲放纵自己，经常盛气凌人，招致同僚们不满。曾有人告他谋反，唐太宗倒不轻信，找来问询是否当真。敬德说：“臣随陛下讨伐四方，身经百战。如今幸存者，只有那些刀箭底下逃出来的人。天下已经平定，臣子会谋反吗？”说着把衣服脱下，扔在地上，露出身上的累累伤痕。唐太宗李世民感动得老泪横流，好言好语安慰敬德一番。

但尉迟敬德骄纵成性，毕竟难改。一次太宗大宴群臣，尉迟敬德和在座的人较短长，争论谁是长者，一时性起，竟然殴打了白城王李道宗，弄瞎了道宗的一只眼睛。皇上见敬德如此放肆，十分不悦而罢宴，对敬德说：“我要和你们同享富贵，而你却居功自傲，多次犯法。你可知古时韩信、彭越如何被杀？那并不是汉高祖的罪过。”尉迟敬德这才有些惧怕，从此以后，行为才有所收敛。

尉迟敬德这样骄横却又正直的人，必须施之以恩，使其感动，但必须抓住其弱点，给予其适当的警告，起到威慑的作用。为感慨唐太宗李世民驯服悍臣尉迟敬德之事，有诗叹曰：居功悍将气凌人，明主恩威驯莽臣；巧借韩彭喻今古，尉迟醒梦汗淋淋。

点评

尉迟敬德因为在唐太宗面前装糊涂，避免了唐俭被杀，成就了唐太宗改过自新的美名，也使自己获得了忠正刚直的声誉，受到了唐太宗的表扬，唐太宗赏赐了他千匹缎子。然而，尉迟敬德后来骄纵起来，在宴会中打瞎了李道宗的一只眼睛，唐太宗用韩信、彭越被刘邦杀害的例子吓唬他，使尉迟敬德产生了恐惧心，行为有所收敛。

唐太宗对唐朝开国功臣，而且是面对同样一个人，有做得好的地方就不吝溢美之词，有失误就敲打他，在收服人心方面，可谓是收放自如。

开卷有益

德与刑

在封建时代，明智的君主用来驾驭臣下的手段，一般而言有两个：一个是在道德上严格要求下属，另一个是在刑罚上严厉监督下属。

这就是德与刑。

德与刑是什么？德就是奖赏；刑就是惩罚。君主自己掌握着赏与罚的权力，做臣子的愿意立功来追求赏赐，害怕杀头而顾忌君主的威严。但历史上的奸臣却不是这样。对于巴结他的人，奸臣可以窃取君主赏赐的权柄而加赏；对于他们所憎恨的人，也能够窃取君主杀戮的权柄而加罪。所以，如果君主没有把赏罚的权力牢牢地掌握在自己的手中，听任权臣去行使，那么朝廷里的大小官员就会因为害怕权臣而轻慢君主，投靠权臣而背离君主。这就是君主失去德、刑后所造成的结果。

正所谓，老虎之所以能够制服野狗，在于它的爪牙。如果老虎把爪牙交给野狗使用，老虎便会被反制。

比如在春秋末期，齐国就发生过一件类似的事情。

当时齐国的大夫田常把爵禄分给群臣，用斗借粮给老百姓，这就使得君主齐简公赏赐的权柄被田常窃取，后来简公就被田常杀掉了。

战国中期，子罕对宋桓侯说："奖赏的事是人们所喜欢的，你来掌握；杀戮的事是人们所憎恶的，请让我来做。"

宋桓侯刑罚的权柄就被子罕窃取了，宋桓侯遭到了子罕的威逼退位。

有的奸臣把赏罚两种权柄都夺去了，君主就面临着比齐简公和宋桓侯更严重的危险。

所以，但凡是英明的君主，始终都会牢牢把握住德与刑。

放到现代社会，德与刑都不再是私人可以去掌控的东西，国有国法，家有家规。但是一个决策者依然可以在古代君主所施行的德与刑中找到些许的共通之处。那便是严格要求自己的德行，以德服人，同时在与他人相处的过程中，也需要考虑对方的人品和道德，多多结交那些道德高尚的人，千万不可以利益为衡量标准。同时，也要在做决策的同时，制定好监督手段，用有效的监督去杜绝事情发展中可能出现的不好的状况，做到提前查漏补缺，防止亡羊补牢。

军令如山：
郭荣斩将明军纪

事典

显德元年（954 年），北汉皇帝刘崇听到后周太祖郭威逝世的消息，大喜过望，计划采取大规模军事行动，于是派使节前往辽国请求出兵协助。辽国派武定节度使杨兖率骑兵一万人，前往太原与北汉会师。刘崇亲自率军三万人，与辽军会师南下。

后周世宗郭荣听到北汉入侵的消息，不顾文武百官的反对，决定御驾亲征。两军在高平之南的巴公原会战。刘崇率中军列阵居中，前锋都指挥使张元徽军在左翼，杨兖军在右翼，威严整齐。这时候，后周河阳节度使刘词率后军续进，还没有到达战场。前方力量薄弱，军心惊惧，疑虑不安，只有郭荣战斗意志高昂。他命令义成节度使白重赞与侍卫亲军马步军都虞候李重进率军列阵左翼，命令马军都指挥使樊爱能、步军都指挥使何徽率军列阵右翼，命令向训、史彦超率精锐骑兵守中央阵地，殿前都指挥使张永德则率禁军保护郭荣，郭荣骑马亲临沙场督战。

刘崇发现后周军队不多，对召唤辽军作战的决定，十分懊悔，他傲慢地说：“我只用本国的军队就能把他们击破，要辽国干什么？今天不但击溃周国，同时也让辽国开开眼界。”辽将杨兖大不高兴。刘崇命令左翼张元徽军先行攻击。张元徽率一千骑兵杀向后周右翼，会战开始。不久，后周将领樊爱能、何徽无缘无故，率骑兵先行撤退，右翼霎时崩溃。郭荣发现情势危急，率皇家亲军卫士，冒着飞石流箭，奋力反击。禁军将领赵匡胤身先士卒，拍马冲锋，士卒殊死作战，以一当十。北汉军大败。刘崇亲自举起红旗收兵，也不能阻止士卒逃命。杨兖衔恨刘崇轻视辽军，也不愿救援，只保全辽军，平安撤退。

樊爱能、何徽率骑兵数千名向南逃走。他们大肆劫掠供应前方军队的辎重，护送运输的后勤部队官兵差役，都四散逃命，损失惨重。郭荣派亲信官兵以及侍卫亲军军官追上，要他们停止逃亡，但没有一个人接受命令，有些使节甚至被变军格杀。变军对外扬言说：“辽国大军就要来到，官军大败，其他军队全都投降蛮族了。”刘词率后周军北上，中途正遇上樊爱能。樊爱能劝刘词停止。刘词拒绝，率军继续进发。这时，北汉军还有万余人，在涧水北岸结阵。傍晚，刘词来到后周前军阵地，他联合其他友军进攻，北汉军又大败。后周军追击到高平，北汉军死亡无数，丢下大量皇家御用物品和物资辎重，刘崇换上粗衣斗笠，率一百多名骑兵，向北逃归。

这一仗，后周军取得了大胜。樊爱能、何徽等，听到前线大捷消息，率领士卒渐渐北返。郭荣非常愤恨樊爱能等临阵脱逃，动摇军心，准备把他们斩首，来树立军令威严，可又一直下不了决心。过了几天，郭荣白天在行宫锦帐中躺在床上休息，张永德在旁侍候，郭荣就这个问题跟他商量。张永德回答说：“樊爱能这些人，从来没有立过大功，却侥幸受到重任。一看见敌人，就先逃走，即使处死，也抵不了他应负的责任。而且，陛下打算削平群雄，统一天下，如果军法不能严厉执行，虽然有勇猛的将领，百万的战士，又有什么用？”

郭荣兴奋地跳起来，把枕头掷在地上，大声称赞：“你说得对极了！”他立即下令逮捕樊爱能、何徽，以及他们部队中的中级以上军官70余人，斥责说：“你们都是经历几个朝代的老将，并不是不能作战。这次望风而逃，没有别的原因，只是把我当作奇货珍宝，卖给刘崇而已。”于是把他们全部斩首。郭荣因何徽曾坚守晋州、立过大功，打算饶他一死，但考虑了一会，认为军法不可废弃，遂一并处死，只是赏赐棺材，送回故乡安葬。自此以后，骄兵悍将才知道军法严厉，有所畏惧，朝廷也不再纵容姑息。

点评

后周世宗郭荣与北汉军队展开高平之战。后周军队左翼樊爱能、何徽无缘无故撤退。在后周军队处于逆势的情况下，禁军将领赵匡胤身先士卒，冲锋陷阵，北汉军大败。而樊爱能、何徽的军队一路逃难，抢掠军用物资，还对外谎报军情，宣称朝廷军队战败。郭荣为了整肃军纪，把樊爱能、何徽等多名撤退的军官全部斩首。虽然何徽坚守晋州立过大功，但还是按军法处置，判了死刑。

后周世宗治军严明，又有赵匡胤、张永德等一批优秀将领跟随，虽然他统治时期短暂，却开疆拓土，扩充实力，为未来赵匡胤统一北宋奠定了基础。

制定合理的规章制度

所谓国有国法，家有家规。企业也要有自己的规章制度。有了规章制度，才能使员工的行为得到约束，才能使企业所有工作人员都能在一个健康的框架内合理地开展工作。

那么，企业如何制定合理的规章制度？

首先，制定每一项规章制度都要考虑可操作性。规章制度要避免过于苛刻而引起员工不满，又不能过于宽松而失去约束力。这需要制定规章制度的人把握好全局，让员工充分调动主观能动性。

其次，管理者须要以身作则。管理者应严以律己，起模范带头作用，成为执行规章制度的典范，这样才能调动整个部门的员工自觉遵守各项规章制度，把规章制度真正落到实处。

最后，规章制度要规范员工行为，指导员工改变不正确的行为习惯。规章制度需要畅通运行，使员工在规章制度的要求下纠正以前不良的风气，增强自我约束能力，规范自己的行为，高质量、高效率地完成工作任务。

企业的规章制度不是形式主义，而是要合理制定，真正落实，成为企业健康向上的行为准则。所以规章制度必须对公司的每一位成员都具有约束力。在规章制度的运行过程中，根据工作的实际情况会有不符合实际的一面，所以也需要每一位成员为规章制度的不断更新与完善献计献策，使规章制度更具有可行性，促进企业健康发展。

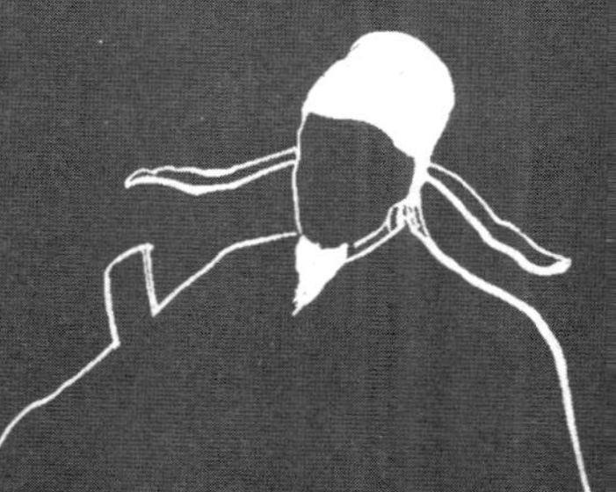

第三章

谋略的变通：

通权达变

谋略的运用不可刻舟求剑，需要根据实际情况进行变通，否则就容易陷入教条主义。

自古以来，通权达变都是谋略大家必备的素质之一。只有精通灵活应变的能力，才能将谋略的运用转化成真正的力量。

恰如其分：
五张羊皮请高人

事典

春秋时期，百里奚苦学多年，有经天纬地之才，他游历列国多年，想实现自己的抱负，但都没有受到重用。

开始，他来到齐国，想辅佐齐襄公，却没有人引荐他。他盘缠用光了，仍然没有成事，只好在街头行乞。在乞讨时，他遇到了蹇叔。蹇叔一看就知道他不是普通人，后来一聊，发现他果然是一个奇才。

最后，经蹇叔推荐，回到虞国。虞国大夫把他推荐给虞王，但虞王却没有重用他，只给了他一个中大夫的小官。后来虞国被晋国所灭，百里奚被晋国俘虏。晋国也没有重用他，而是把他作为秦穆公夫人的随从人员送给了秦国。

百里奚自叹道："我有济世之才，却遇不到明主去施展我的抱负，临到老了却还要做奴仆。"

于是，行至半路，他便逃走了。他先逃到宋国，后来又逃到楚国。在楚国他被当作奸细抓了起来，他解释说自己很会养牛，楚王便让他做了个牧马的官。

却说秦穆公拿到晋国陪送的人的名单，其中有百里奚的名字，却不见百里奚的人。便问他的大夫公孙支：“你在晋国待过一段时间，一定知道百里奚是什么样的人吧？”

公孙支说：“百里奚是一个难得的奇才，他有经世之才，只是生不逢时，一生遭遇不好！”

秦穆公十分好才，便问：“我该怎样才能得到他，让他辅佐我呢？”

公孙支说：“据说他的妻子在楚国，他可能也去楚国了。”

果然，一打听，百里奚在楚国牧马。

秦穆公问公孙支：“我出重金来换他，你说楚国会同意吗？”

公孙支说：“不行，你这样买不来百里奚。”

秦穆公不解地问：“为什么？”

公孙支说：“楚王让他牧马，是因为还不知道他的本事。你要是用重金去换他，那岂不是告诉楚王他是一个有才能的人吗？这样，他们必然会重用百里奚，你还能得到他吗？不如说他是一个逃跑的人，有罪在身，这样就会用很少的钱把他神不知鬼不觉地赎回来了。”

秦穆公说：“这是个好主意。”便命人带着五张羊皮去见楚王，楚王怕得罪秦王，便让人把百里奚抓来，交给了秦国使者。当百里奚要走时，南海人都以为他可能会被杀头，都哭了，可百里奚却笑道：“我知道秦王有霸王之志，他为什么要花大力气来抓一个陪送的奴仆呢？他到楚国来逮人是假，重用我是真。你们又哭什么呢？”

百里奚坐上囚车来到了秦国，秦穆公立刻召见了他，问：“秦国比较落后，该怎样才能强大起来呢？”

百里奚说秦国应与东边各国少打仗，礼尚往来，同时收服西边这些小国，扩大自己的土地，增加劳动力。秦王只要用良好的政策安抚国内人民，又用强大的力量征服西边，把住通往东边的天险，静观中原之变，这样就可以成就霸业。

秦王听了十分高兴，便拜他为上卿，让他管理国政。

点评

百里奚有经天纬地之才，周游列国，却没有人发现他的价值。后来，他作为奴隶在楚国养马。秦穆公知道他是一个旷世奇才，用五张羊皮的价格从楚国把百里奚买到秦国，让他管理国政。秦穆公在百里奚的辅佐下，对内善用人才，发展生产，对外与中原国家以和为主，向西发展，收服十二个戎国。

这个故事告诉我们，人才也许就在我们的身边，这里可以改一改雕塑家罗丹的名言：我们身边不是没有人才，而是缺乏发现人才的眼睛。

如果我们无法发现身边的人才，那么这个人才就可能会跟着别人跑掉，本属于我们的荣耀，也会被他人所获取。

开卷有益

掌握好分寸

秦穆公获得百里奚的经过除了说明秦穆公爱才、惜才之外，也佐证了另外一个道理——不论做什么事情，都需要掌握分寸。

假使秦穆公大张旗鼓地去请百里奚，也许楚国就会发现其中的端倪，哪怕是扣留下百里奚都有可能。

掌握好了分寸，羊皮配奴隶，这才能不引起对方的猜疑，从而获得自己想要的人才。

同理，在日常的生活中，我们想要什么，或者说，我们想要达成什么目的，也需要掌握好分寸，如此才能更加顺利地获取我们想要的结果。

就像男女谈恋爱，如果太过于表现自己，反而会取得不太好的结果，有时候甚至会把对方给吓走。

有句话是怎么说的呢？爱如指间沙，不能握太紧，握得太紧了，沙子反而流失得更快。

那么，最好的办法是什么呢？是不动声色地、一点一点地展露自己的个人魅力，从而慢慢地吸引对方对你产生兴趣，同时也给了对方一个接受你的过程。如此，两颗心才有可能慢慢聚到一起。

将谈恋爱的道理引申到生活里的方方面面，都是同样的道理，欲速则不达，过于执着则偏偏会失去。不论做什么，都要根据当时的形势，把握好分寸，从而获得更加确定的结果。

忘却私仇：
项王弃仇图良才

事典

秦始皇病逝后，胡亥即位，是为二世皇帝。二世皇帝昏庸无道，不理朝政，使奸臣当道，民不聊生，因而导致了秦末的陈胜、吴广领导的农民大起义。

秦二世元年（前209年），贵族出身的项羽随从叔父项梁起事。后来，项羽与秦将章邯开始对垒，秦将章邯大败后，逃进了大本营，项羽便准备乘胜追击。

范增劝项羽说："我们已经大战了三天，人困马乏，不宜继续出击。要想办法让赵高逼迫章邯，使章邯在进退两难之际投降楚军。"

于是，项羽听从了范增的计策，派人到咸阳城里到处散布说楚军大胜，秦军大败，章邯已经逃跑。

昏庸的秦二世听到这个消息后，便派人去问章邯："为何打不过楚军？"

章邯对此非常害怕，同时又非常气愤，便让司马欣到咸阳向秦二世申诉实情。结果司马欣差点被赵高砍了脑袋。司马欣逃回来后便劝章邯说："赵高弄权，独断专行，陷害忠良，我们在他手下也真是太憋气了。我们打胜了，他妒忌，打败了，他惩办我们。无论胜败，都逃不过他的手心，哪里有我们的出头之日？将军还是另想办法吧！"

章邯不知所措，加上接连打了败仗，处在岌岌可危的境地。无奈，只得派与项羽有恩的司马欣去同项羽讲和。

项羽的叔父项梁是被章邯杀害的，从此，章邯同项羽结下仇冤。所以，开始项羽说什么也不愿意同章邯讲和，加上当时章邯已经处于非常不利的境地，随时都有可能被项羽击败。但是，项羽又认识到，自己虽有拔山之力，威武无双，但是，至今未能进关得以封王，其主要原因就是因为章邯大军的阻挡。

现在，章邯被秦二世和赵高逼得无路可走，万般无奈才想归降楚军，如果不予接纳的话，那么他就有可能投奔其他诸侯。另外，章邯是秦国的主将，他一归顺，其他秦将也就容易征服了。同时，项羽还认识到，作为一个有志向的男子汉、大丈夫，就得忘却私仇，宽以待人。想到这里，项羽果断地告诉司马欣说："章邯杀了我叔父，是我的仇人，我本想杀了他，怎么能够和他讲和呢？可是我知道替叔父报仇是我个人的私事，消灭秦国，是天下的公事。我决不能因私害公，所以我决定出于公心同章邯讲和，只要他真心归顺，我一定以诚相待，决不因私害公。请他过来吧！"

可是，司马欣又吞吞吐吐地说："章邯的罪太大了，万一他投奔将军你，你不能宽容他，他不是自寻死路吗？请你给我们一个凭证。"

项羽听后哈哈大笑，豪爽地说："大丈夫一言既出，驷马难追，岂能反悔？既然如此，那么咱们订立盟约。"

于是，项羽和秦将章邯、司马欣等订立了盟约，然后章邯才投降楚军，拜见项羽。

接着，项羽就封章邯为雍王，把他留在楚宫里，封司马欣为秦军上将军。司马欣带着投降的秦军打头阵，项羽带着章邯并率领着楚军和各诸侯国的将士，浩浩荡荡向西进发，直捣秦朝都城咸阳。

点评

章邯想向项羽投降，但是章邯曾经杀了项羽的叔父项梁。项羽明白，自己和章邯过去是两个阵营的人，各为其主，所以刀兵相见在所难免。但是既然两人为了推翻秦王朝这个共同目标而合作，就应该抛弃前嫌，互相扶持。于是，项羽向使者司马欣表示，杀叔父是私事，消灭秦国是天下的公事，绝对不会因私害公。项羽原谅了章邯的过去的行为，接受了秦军的投降后，一路向西，加速了秦王朝的灭亡。项羽这种豁达的肚量难能可贵。

所以人的心胸要像大海一样宽广，放下以前的旧恨，朝着新的目标前进。

开卷有益

宽容是一种美德

宽容是博大的胸怀。我们可以不赞成别人的观点，但是我们应当尊重别人的选择，给别人以自由的思想和生活的权利。

唐朝人娄师德性格沉稳，肚量宽广。他的弟弟当上了刺史，临走时，娄师德对他说："我辅助宰相，你又管理一个州。我们受皇上的宠幸太多了。如果别人忌妒你，你该怎么办？”

娄师德的弟弟回答：“如果有人朝我脸上吐口水，我自己擦掉，不让你为我担忧。”

娄师德说：“这正是我所担忧的。人家向你吐口水，是对你恼怒。如果你把口水擦掉，岂不是违背了那些人的意愿吗？别人会更加痛恨你。所以，你不要擦口水，让它自己干，笑着接受这个事。”

这可以说是宽容的极致了。

这个故事中娄师德的做法也许有些极端。但是在生活中，因为种种原因，我们或多或少都会遇到不友好的人。当别人不太友好时，我们应该怎么办？是针锋相对，还是宽大为怀，以德报怨？

我们可以选择宽容，甚至可以以实际行动感化对方。

大千世界，有人群的地方就会有矛盾。如何与人和睦相处，是千百年来的人们一直关注的问题。

总之，对于个人而言，宽容会带来良好的人际关系，宽容别人就是解放自己。对于一个团队而言，宽容会营造和谐的气氛，利于自己，也利于他人。

借坡下驴：
儿子成全贵妃

事典

战国时，魏文侯和一班士大夫在闲谈。

文侯问他们："你们看我是怎样的国君？"

大家都异口同声答："你是一位仁厚的国君。"

问到任座，任座却答："你不是一位仁厚的国君。"

文侯听了，脸色一变，再问："何以见得？"

任座答："你攻下了中山之地，不拿来封给兄弟，却封给长子，怎么能叫作仁君呢？"

文侯立令赶他出去，任座也若无其事地昂然走出。

文侯接着又问翟璜："我究竟是怎样的国君？"

翟璜答："你的确是个仁厚之君。"

"怎么说？"

"我听说过，凡是一个仁厚的国君，其臣子一定是刚直的，刚才任座的话说得很直，并非阿谀之辞，因此我知道你很仁厚。”

文侯听了，觉得很对，连声说：“不错，不错。”

文侯立刻再召任座回来，反拜他为上卿。

由此可见，借坡下驴是君臣之间发生矛盾时再适宜不过的策略。

明朝的朱常洛对郑贵妃用的也是借坡下驴的把戏。

万历四十三年（1615年）的一天傍晚，紫禁城内外，人们都在为端午节做准备，太子府也在为第二天的节日忙碌着。

闲着无事的太子朱常洛正想到外面散心，突然，从门外传进来一阵激烈的扭打声，常年如履薄冰的朱常洛顿时感到从心底升起了一股恐惧，直觉告诉他，有人在对他下手了。

厮打声平息后，他才知道，刚才有一名彪形大汉，手持枣木棍，偷偷闯进了他住的宫殿内，由于太子府的侍卫太少，竟使这个大汉长驱直入。

第二天一早，朱常洛就把谋杀情形向万历皇帝做了汇报，万历却要他不要管这件事，然后，就轻描淡写地让距离最近的法司审理。善解圣意的刑部官吏们敷衍结案，认为犯人是个疯子，是一起偶然事件。但是，主事看出疑点，经过严审，弄明了真相。原来这人是受郑贵妃的内侍太监的指使而行凶的。

他们许诺说：“只要杀了皇太子，这一生不愁吃穿。”

于是，发生了明末三案的第一案。

大臣们听到这一结果，纷纷指责郑贵妃，认为她是真正的策划者。

郑贵妃听到大臣们的指责，知道大事不好，再三地请万历做主，万历说：“到了这一步，我也无能为力，唯一的办法是，你赶快找皇太子，请太子为你解脱。”

在万历的指点下，郑贵妃找到朱常洛，当即跪下，哭诉自己的无辜，受尽了歧视的朱常洛也不想惹怒父皇，借坡下驴，表示不再追究。

点评

任座直接指责魏文侯不是仁厚的国君，魏文侯心生不满，把他赶了出去。直到翟璜指出，正是因为魏文侯仁厚才会有任座这样正直的大臣，魏文侯才对任座的态度有了转变，拜他为上卿。

由此可见，人要容得下别人对自己的批评，有则改之，无则加勉。

郑贵妃要刺杀太子朱常洛，但是郑贵妃是万历皇帝的宠妃，当郑贵妃向朱常洛求情的时候，因为得罪不起父皇的爱妃，所以朱常洛只能不追究。

在封建礼制时代，人治的因素很大，尤其是在皇家事务中。抛开历史人物的局限性不谈，如果犯了法，就应该要受到法律的制裁，而不是息事宁人。

法律若没有尊严，国家的各项事务就会逐渐混乱，最终导致国家衰败。

开卷有益

不方便说的话可以换个角度

在日常生活的交谈中，有些话直说会让双方陷入尴尬的境地，这时候不妨换个角度，把话从另外一个方面讲出来，既避免了直说的尴尬，又能让对方理解你的意思。

下面，举一个婉言批评别人的例子。

一位老师，第一次到职工夜校上课。有几个学生上课跟老师开玩笑："老师，您的字写得这么漂亮，和您一样漂亮。"

老师笑了笑说："你们和我开玩笑，没关系。但是你们不要和自己开玩笑。你们付了学费，花了晚上的时间来学习。你们精力不集中，学不到知识，时间、学费就白花了。”这几个学生的脸色马上变得严肃了，认真听老师讲课。

再举一个巧妙讽刺的例子。

李鸿章有个远房亲戚，虽然不学无术，但是热衷科举。他在考场上，不会写文章，于是他灵机一动，在试卷上写道：“我乃李鸿章中堂大人的亲妻（戚）。”

主考官看到这张考卷的时候，提笔在卷上写道：“所以本官不娶（取）你。”

主考官巧借李某一个错字，顺水推舟，来个“错”批，取得了强烈的讽刺效果。

宽宏大度：
刘秀大度得猛将

事典

刘秀称帝后，派大军迅速包围了洛阳，但是连续攻打了三个多月，仍未攻克，十分焦躁不安。

这时，刘秀想到岑彭曾在朱鲔手下当过指挥官，而且两人关系不错，于是便让岑彭去劝朱鲔投降。

岑彭虽是降将，但受到刘秀的信任和重用，很是感动，欣然应允前往。

岑彭见到朱鲔，首先赞扬刘秀的宽宏大度，尔后向朱鲔说道："天下归心陛下，已大势所趋，你为何还死守洛阳一个孤城呢？"

朱鲔长叹一声说："萧王（指刘秀）十分英明，本人早有所闻，也很敬佩。但是，其兄被害时，我曾参与。后来，更始帝派遣萧王去河北，我深知萧王早有称帝之心，又劝更始帝不要放虎归山。因为以上这些情况，恐怕他不会宽恕我，所以以死守城。"

岑彭将朱鲔所说的话向刘秀报告后，刘秀不由哈哈大笑说："将军不曾听说过各为其主吗？况且，事情已经过去，朱将军不必忧虑在心，吾虽才疏学浅，然记小怨、拒良才之策，决非吾所取。岑将军回去可向朱将军言明，若真意来降，官爵保留，何谈治罪。”

尔后，刘秀手指着黄河说道：“吾以黄河作证，决不食言！”

朱鲔听了岑彭转达刘秀之言，感到刘秀不计前仇，豁达大度，遂投降，并向刘秀跪地请罪。

刘秀一见，慌忙上前将他扶起说道：“吾何能，竟受将军如此大礼！”说着，又亲自为朱鲔掸去膝盖上的尘土，摆酒设宴，为其压惊解忧。之后，刘秀又将朱鲔拜将封侯。

点评

朱鲔曾经劝更始帝防备刘秀，所以当刘秀派岑彭去招降朱鲔时，朱鲔心存顾虑。刘秀为了平定天下，结束战乱的局面，不计较以前的事情，要朱鲔放心投诚，而且亲自为朱鲔掸去膝盖上的尘土，还给朱鲔封侯。这是他的过人之处，与项羽不计较章邯的事情一样。

刘秀这个人严格自律，生活简朴，平易近人，他统治时期社会安定，经济发展，重视儒家教育，开创了光武中兴的局面。

开卷有益

用人勿求全

一个成功的决策者要做到知人善任。用人要发挥他的长处，避开他的短处，才能做到人尽其才。

用人，是让他发挥特长，不是关注他的缺点。如果决策者只是关注这个人的缺点，就全面否定这个人，那么这会使自己受到损失，甚至可能会给自己带来威胁。在人才竞争的时代，放走了人才，就是加强了对手的力量。

伍子胥说："用他的长处，避开他的短处。那么天下的人都是可用的。"

柳宗元也说："玉上的瑕疵怎么能损害它的光泽呢？"

子思向卫国国君推荐一位人才，并向国君说道："他的才能足以使他被任命为军事统帅，率领五百辆战车打仗。如果得到这个人，卫国就会无敌于天下。"卫国国君说："我知道以他的才干可以担任大将。但是他当小官的时候，去老百姓家收租，吃了人家两个鸡蛋。所以不能用他。"子思说："英明的君主选用人才，就像高明的木匠选用木材。用它可用的部分，抛开它不可用的部分。所以杞树、梓树有一围之大，但有几尺腐烂了，好的木匠不放弃它，为什么呢？因为木匠知道，木材的大部分可以用来做成珍贵的器具，没有用的部分是非常少的。现在您处于各国纷争的时代，需要选择聪明的人才。如果因为两个鸡蛋这样的小事就抛弃了栋梁之材，千万不要让邻国知道。"

卫国国君认为子思讲得很对，对子思说："我接受你的忠告。"

这样的典故体现了用人勿求全的思想。

懂得变通：
“不倒翁”裴矩

事典

裴矩一生侍奉过几代主子，他在每一个主子手下都很得意。

他看出隋炀帝是一个好大喜功的人，便想方设法挑动他拓边扩土的野心。他不辞辛苦，亲自深入西域各国，了解各国的风俗习惯、山川状况、民族分布、物产服装等情况，深得隋炀帝的欢心。隋炀帝每天将他召到御座之旁，详细询问西域状态，并将他提升为黄门侍郎，让他到西北地区处理与西域各国的事务。他不负所望，说服了十几个小国归顺了隋朝。

有一年，隋炀帝要到西北边地巡视，裴矩不惜花费重金，说服西域多个国家的君主佩珠戴玉，拜谒于道旁，可谓盛况空前。

隋炀帝大为高兴，将他升为银青光禄大夫。

裴矩一看他这一手屡屡奏效，便越发别出心裁，劝隋炀帝将天下四方各种奇技，诸如爬高竿、摔跤以及斗鸡走马等各种杂技，全都集中到东都洛阳，令西域各国使节纵情观看，以夸示国威，前后历时一月之久。

在这期间，又在洛阳街头大设帐篷，盛陈酒食，外国人随意吃喝，醉饱而散，分文不取。当时外国人中的一些有识之士也看出这是浮夸，是打肿脸充胖子，隋炀帝却十分满意，对裴矩更是夸奖备至，说道："裴矩太了解我了，凡是他所奏请的，都是我早已想到的，可还没等我说出来，他就先提出来了。如果不是对国家的事处处留心，怎么能做到这一点？"

裴矩个人是发达了，却给国家和人民带来了巨大的灾难。讨伐辽东的战争便是在裴矩的唆使之下而发动的，屡打屡败，耗尽了隋朝的国力，加速了隋朝的灭亡。

当隋炀帝困守扬州，一筹莫展之时，裴矩看出来，这个皇帝已是日暮途穷了，再一味地巴结他，对自己百害而无一利。

他将讨好的目标转向那些躁动不安的军官士卒，他见了这些人总是低头哈腰，哪怕是地位再低的官吏，他也总是笑脸相迎。

他向隋炀帝建议："陛下来扬州已经两年了，士兵们在这里形单影只，也没个贴心人，这不是长久之计。请陛下允许士兵在这里娶妻成家，将扬州内外的孤女寡妇、女尼道姑发配给士兵，原来有私情交往的，一律予以承认。"

隋炀帝对这一建议十分赞赏，立即批准执行，士兵们更是皆大欢喜，对裴矩赞不绝口，纷纷说："这是裴大人的恩惠！"

到将士们发动政变，绞杀隋炀帝时，原来的一些宠臣都被乱兵杀死，唯独对裴矩，士兵们异口同声地说他是好人，因此得以幸免于难。

后来他几经辗转，投靠了太原李氏，在唐太宗时担任吏部尚书。

唐太宗对官吏贪赃受贿之事十分担忧，决心加以禁绝，可又苦于抓不住证据。

有一次，他派人故意给人送礼行贿，有一个掌管门禁的小官接受了一匹绢，太宗大怒，要将这个小官杀掉。

裴矩劝阻道："此人受贿，应当严惩。可是，陛下先以财物引诱，因此而行极刑，这叫陷人以罪，恐怕不符合以礼义道德教导人的原则。"

唐太宗接受了他的意见，并召集臣僚说道："裴矩能够当众表示不同的意见，而不是表面上顺从而心存不满。如果在每一件事情上都能这样，还用担心天下不会大治吗？"

点评

司马光在《资治通鉴》中评论裴矩的变化时说道："古人有言：君明臣直。"一个国君便是一个国家的标杆。标杆是正的，影子当然也是正的；标杆是歪的，影子也会是歪的。国君的正派品格会使一群正直的大臣围绕在他周围；国君的放纵和轻佻也会引来一群奸邪伪善的大臣。

裴矩在隋炀帝和唐太宗面前判若两人。他到底是个什么样的人，在这里不作讨论。但是，当君王好大喜功，劳民伤财的时候，作为大臣，难道就没有一点责任吗？国家设置大臣处理事务，并不是要他们做君王的应声虫。

民为贵，社稷次之，君为轻。大臣的首要职责应该是为人民谋福利，辅助君主革除弊端，使天下太平，人民安居乐业。如果国君英明，勤政爱民，大臣当然应该配合国君建设一个清平的社会。如果国君昏庸残暴，荒淫奢侈，讲究盛大的排场，耗费人力物力，难道大臣应该要迎合他吗？

开卷有益

变通也要讲原则

为人处世需要变通，这样可以在达到目的的同时保护自己。但是变通也要讲原则，不能为了自己的私人目的毫无道德感。

春秋时期，伍子胥带着楚国太子的儿子，千辛万苦逃过楚兵的追杀，逃到了吴国。

来到吴国的伍子胥做的第一件事，就是劝说吴王发兵攻打楚国，并不断地向吴王述说楚国对吴国的威胁，以及打败楚国后给吴国带来的好处。

吴王听了伍子胥的话，还真有些动心。他召集了文武大臣商议打楚国的事。吴王的堂兄弟姬光坚决反对攻打楚国。他一针见血地指出："伍子胥是因为父亲和哥哥被楚王杀了，要报仇攻打楚国。可是对吴国来说，攻打楚国根本看不到有什么好处。"

吴王听姬光这么分析，觉得很有道理。他再联想到伍子胥刚刚逃到吴国，顾不上整理一下落魄不堪的面容就迫不及待地鼓动自己发兵攻打楚国，如果不是为了报家仇，那是为了什么呢？

吴王庆幸自己没有被伍子胥煽动性的语言所迷惑。而伍子胥却看清了姬光的心思。姬光反对吴国攻打楚国，是因为姬光想取代吴王，自己当国君，如果吴国打败了楚国，会提升吴王的威望，那时再取代吴王就十分困难了。

于是，伍子胥便找机会向姬光推荐了好友专诸，并向姬光极力夸耀专诸的胆识。姬光知道伍子胥有心投靠自己，所以对伍子胥十分客气。伍子胥为了不在众人面前表现得巴结姬光，故意远离姬光，自己在原野上开垦一片土地种菜，表现出与世无争的样子。

姬光在伍子胥的协助下，谋划政变。他们让专诸在鱼腹中藏好短剑，然后在酒宴上，趁着向吴王进献鱼的时候，杀死了吴王。姬光就这样夺取了吴国大权。

后来姬光打败楚国，帮伍子胥报了家仇。

虽然伍子胥报仇的故事情节曲折，表现出了伍子胥惊人的毅力，但是伍子胥的做法不可取。伍子胥在吴王和姬光之间灵活变通地转变阵营，他辜负了吴王对他的接纳，为了报仇，他不惜支持姬光，参与刺杀吴王的宫廷政变。

我们在生活中即使灵活变通地处事，也应该把道德感放在第一位。如果别人伤害了我们，我们可以用正当、合理的方式处理。如果为达目的不择手段，那么后续便会面临不好的结局。

临机应变：
将在外，君命有所不受

事典

景德元年（1004 年），辽国圣宗和萧太后率大军南下，直打到澶州以北。

宰相寇准力主抵抗，宋真宗被迫到澶州，但仍一心求和，终与辽国签订了“澶渊之盟”。

就在这时，有位将军向宋真宗提出了打退辽军的军事计划。这位将军便是抗辽名将“杨无敌”杨业的儿子杨延昭。

杨延昭本名延朗。宋真宗迷信道教，尊道士赵玄朗为“圣祖”，下令不得斥犯玄、朗二字，杨延朗也就改名为杨延昭了。

杨延昭幼年沉默寡言，儿童时期，好玩军阵。杨业认为杨延昭很像自己，所以每次征战都带着杨延昭。

辽兵攻至澶州时，杨延昭认为，辽兵主力已在澶州城下，其他地方十分空虚，宋军可以趁机而入，进击辽国。

他建议宋真宗，“愿饬诸军，扼其要路，众可歼焉。即幽、易数州，可袭而取”。

这个扼守要路，掩击辽军的军事计划，是很有见地的，也是切实可行的。可见杨延昭是一位极有眼光的爱国军事将领。

按照杨延昭的计划进行，可以把辽兵精锐消灭，为收复幽云十六州准备条件。

一味求和的宋真宗，并不理睬杨延昭的建议，他害怕诸将袭击辽兵，影响与辽国的和谈，便下令前线将领按兵不动，让辽兵从容后退。

辽兵后退时，洗劫了沿途州县，掳掠数十万居民北去。

杨延昭为了打击辽兵，保卫国土，保护百姓，也为了贯彻自己的主张，冒着违反宋真宗旨意的罪名，率部进击辽兵，直抵辽境，攻破古城，俘杀了大批敌人。

杨延昭的进击，使辽兵无暇再行抢掠，只得匆匆北回。

点评

杨延昭是宋朝的名将。他有一颗忧国忧民的心，在给宋真宗的奏折中，他提出歼灭辽国军队的方法，甚至希望乘势收复幽云地区。可惜宋真宗在宋军取得优势的时候一味求和。在辽军掳掠宋朝百姓的情况下，杨延昭冒着违反宋真宗旨意的罪名，进攻辽军，大获全胜。

武将在前线打仗，可以灵机处理眼前的情况。因为战场形势千变万化，要把握时间，见机行事，才能打败敌人。

这个故事也告诉我们，上层决策者不一定要具体指挥下属怎么干，而要使下属充分发挥主观能动性，下属做事情要根据现场的实际情况，找到解决问题的方法。

开卷有益

将在外，君命有所不受

战场上的形势瞬息万变，优秀的将领对于上层的命令，需要根据战场上的具体情况决定是接受命令还是不能接受。

1942年，英国将领蒙哥马利率领第八集团军以逸待劳，对北非的德军发动进攻。当时的德军防线崩溃，希特勒对德国元帅隆美尔发出了“坚守阵地，决不后退半步”的命令。但是，隆美尔不接受这项命令，而是率领残部后撤，逃出了英军的包围圈。

战场上的将帅都善于因势利导，根据实际情况灵活用兵，而不是一味地受制于上层的命令。当今时代，现代化的通信与交通使前方和后方联系更加紧密，但是“将在外，君命有所不受”的思想没有过时。

现代化的战争往往是诸多兵种协同作战，兵器多，空间大，战机稍纵即逝。在这种情况下，前线的将领如果碍于规则进行请示和协商，无异于坐以待毙。从古至今，将领在每一次战争前，要把敌我双方的力量对比分析得十分透彻，保证万无一失。这就需要指挥作战的将领根据战场的情况，时刻检讨作战的失误，修订原先的作战方案，才能战胜敌人。对于上层的命令，如果将领认为不符合实际情况，可以不用接受，不要让自己和士兵们处于被动的地位。

同理，在当代生活中，如果我们在第一线做事的过程中接到了不合理的指派，也要勇于拒绝，因为一旦接受了，反而会造成更差的结果。

假托王命：
挟天子以令诸侯

事典

东汉末年，汉献帝在董承等人的保护下回到了洛阳。他让董承、杨彪共同执掌朝政。这样，汉献帝和他的小朝廷，总算暂时安定下来了。

那时候，洛阳的宫殿早已被董卓烧光。文武百官没有住的地方，便在残垣断壁处搭设草棚或帐篷，在里面安身。

汉献帝下诏向各地征调粮食，各地的军阀都忙着打仗，对诏令置之不理。因此，公卿大臣自尚书郎以下，都去挖野菜充饥。

董承眼看着饿死人的事不断发生，只好给兖州牧曹操写信，请他到洛阳来想办法。

曹操，字孟德，小字阿瞒，沛国谯县人。他祖上本姓夏侯，只因为他父亲夏侯嵩做了中常侍曹腾的养子，才改姓曹氏。

曹操年轻时，曾担任济南相和典军校尉。后来，又追随袁绍参加对董卓的讨伐。

关东联军解散后，曹操占据了东武阳，被袁绍立为东郡太守。

初平三年（192 年），曹操打败了从青州进入兖州的黄巾军，扩充了几十万人马，自立为兖州牧。

献帝回到洛阳时，曹操刚刚占领了许县，就收到了董承的密信。他打算利用汉献帝的招牌征服天下，于是便率领人马来到洛阳。

曹操拜见了汉献帝，先拿出粮食让大家吃饱饭。他见洛阳已是一座空城，无法解决吃和住的问题，就给汉献帝上书，请他把都城迁到许县去。

汉献帝和公卿大臣巴不得有个依靠，自然都同意。没过多少日子，他们就跟随曹操来到许昌，并决定以许县为国都，称为许都。于是，汉献帝便拜曹操为大将军、武平侯，并且还让他兼任司空。这样一来，东汉的朝政大权又转移到曹操手里了。从此以后，曹操“挟天子以令诸侯”，又打了不少胜仗，占领了许多地盘。

他的势力越来越强大，也越来越不把汉献帝放在眼里。汉献帝不甘心做傀儡，就写了一封密诏，让董贵人缝在衣带里面，偷偷地交给她父亲董承，请他设法除掉曹操。

当时，正是建安四年（199 年），刘备跟随曹操也到许都来了。

刘备，字玄德，是中山靖王刘胜的后裔。论辈分他是汉献帝的叔父，人们都称他刘皇叔。

董承知道刘备可靠，就让他看了“衣带诏”。他们两个商议了一番，又约集了其他几个将军，决心除掉曹操，把朝政大权夺过来。谁知没等董承他们起事，曹操就派刘备讨伐袁术去了。

第二年正月，曹操发觉了董承等人的密谋，便把董承等抓起来杀掉并灭了他们的宗族。

刘备吓得再也没敢回来。

事后，曹操认为董贵人跟这件事有关，就要把她处死。汉献帝再三向曹操求情，说董贵人已经有了身孕，请求给她留一条活命。曹操说什么也不答应献帝的哀求，硬是把董贵人活活勒死了。

伏皇后见董贵人死得这么惨，也不免兔死狐悲，整天坐卧不安。于是，伏皇后就给她父亲辅国将军伏完写了一封密信，叫他想办法除掉曹操。

伏完知道自己不是曹操的对手，吓得赶紧把这封密信收藏起来。谁知很多年后，那封密信竟然又被曹操发觉了。

那时候，伏完早就死了，曹操无法治他的罪，就派人带领士兵去逮捕伏皇后。伏皇后听到消息，吓得赶紧关住宫门，躲藏在夹壁里面。

士兵闯进皇宫，拆毁夹壁，把伏皇后拉出来。伏皇后披头散发地去向汉献帝告别，哭着对他说："难道皇上就不能救救我吗？"

汉献帝流着眼泪，无可奈何地说："我自己也不知道能活到哪一天，叫我怎么救你呀？"

没过几天，伏皇后和她生的两个儿子都被曹操处死了。

为了牢牢地控制汉献帝，曹操便让汉献帝立他的女儿曹节为皇后。

之后，曹操又让汉献帝封他为魏王。

这时候，曹操早已消灭了袁绍、袁术、吕布等割据势力，基本统一了整个北方，跟他对立的只剩下刘备和孙权。

刘备占了四川，孙权平定了江南，各自建立了政权，形成三国鼎立的雏形，汉献帝的帝位已经名存实亡了。

大臣们眼看着汉献帝早晚要垮台，纷纷向曹操讨好，说什么"天命"已经降临到曹操身上，应该由他取代天子。但是，因为天下还没有统一，留下汉献帝这块招牌还有用处，曹操一直没有废献帝取而代之。

他对大臣们说："当初周文王在世的时候，虽然占有天下三分之二，却仍然做殷纣王的臣下，一直到他的儿子周武王，才攻灭殷朝做了天子。如果天命果真降临到我的头上，那么，我做周文王吧。"

曹操去世后，他的儿子曹丕袭父爵做了魏王。

曹丕没有他父亲曹操那样的耐心，他刚做了不到一年的魏王，就要求汉献帝把帝位让给他。

汉献帝没有办法，只好下诏书，宣布把帝位让给曹丕。

魏王曹丕看了汉献帝的诏书，假惺惺地推让，说自己无才无德，不敢担当帝位，暗地里却继续让大臣们向汉献帝施加压力。

汉献帝只好再一次下诏书禅让帝位。

曹丕又装模作样地推让一番，便迫不及待地接受诏书。他为了要让天下的人们都知道，汉献帝是"自愿"把帝位让给他的，于是就派人在许都修建了一座受禅台，决定挑选一个吉日，正式举行禅让仪式。

于是，曹丕便登上"受禅台"，正式召见文武百官，宣布受禅。

他废汉献帝为山阳公，东汉就这样终结了。

点评

曹操在乱世中脱颖而出。他本来只是讨伐董卓的众多军阀中的一员，为了社会秩序和天下大义而起兵。在他的势力做大之后，他把朝廷搬迁到自己的领地上，使皇帝和诸位公卿大臣有了固定的居所。

但是如果曹操向朝廷交出军权，朝廷是否有能力统一天下？而且军队是曹操私人培养并壮大起来的，曹操心里愿意交出掌握了多年的军队吗？所以，在以后的日子里，曹操处在尴尬的处境中，以皇帝的名义讨伐其他军阀，甚至和皇帝产生激烈的矛盾。

不过曹操一直没有公然称帝，他惧怕儒家道德和正统舆论的力量。在他去世后，儿子曹丕卸下了伪装，自己当上了皇帝。这不失为一个妥善的结局。

曹操虽然为了自己的利益做了一些残忍无情的事情，但是他发展生产，统一北方，从他的诗歌可以看出他关心老百姓的疾苦。所以评价一个历史人物，不能只从一个角度评价，应该从多方面评价。

开卷有益

尊王攘夷

春秋战国时代，诸侯纷争，民不聊生。在多年的战争中，春秋五霸登上历史的舞台，通过“尊王攘夷”来号令天下。

为什么提出“尊王”呢？因为在那个年代，周天子大权旁落，没有实力安定诸侯，但是他还是名义上的天下共主，谁也不能公开反对他。而且一个诸侯国的新国君即位，必须要得到周天子的册封，否则就是无效的。所以，周天子成为了诸侯争霸的一面旗帜，只有掌握这面旗帜，才能控制其他诸侯国。那么“攘夷”是什么意思呢？就是抵抗周边外族对中原地区的掠夺。

春秋五霸的第一位是齐桓公。齐桓公深得诸侯拥护，经常与诸侯会盟，而且周天子也派代表参加，齐桓公因而获得了霸主的地位。所谓“九合诸侯，一匡天下”，即描写齐桓公的功绩。在“尊王攘夷”的名义下，齐桓公吞并弱小国家，扩大了齐国的领土，减少了中原地区的混乱局面，维持了中原国家的社会秩序，而且还帮助燕国抵御了山戎的进攻。

“尊王攘夷”是时代的产物，它对百姓生活的安宁、社会经济的繁荣、华夏文明的延续起到了积极的作用。

名不正则言不顺，曹操挟天子以令诸侯与齐桓公的尊王攘夷，都是为了占据道德的制高点，让自己所做的事情更加符合人心正道。

在当代生活中，我们做人做事也要有这样的觉悟，不论做什么，都要符合整个社会的主流价值观，不能逆流而上，更不能违背社会的公序良俗。

屈伸有度：
石勒假降获信任

事典

后赵的开国君王石勒年轻时曾被卖为奴，后来聚众为盗，江湖号称“十八骑”。

晋永兴二年（305年），成都王的故将公师藩起事，石勒率众投到他的帐下。

公师藩死，石勒等投奔据地称王的刘渊，刘渊称汉帝后，石勒便成为他手下一名得力的战将。

石勒长得健壮有力，既有胆略，又善骑射。他在领兵与晋军争战的过程中，不断壮大自己的势力。

刘渊对他十分重视，任他为安东大将军，特准他开设幕府，设置从官。

晋永嘉六年（312年），谋臣张宾见他东征西战，流寇一般，劝他道：“谁占有地盘，谁就昌盛；谁失去地盘，谁就衰亡。邯郸和襄国，原为赵国的都城，两城依山靠险，乃形胜之地，可以从中选择一处作为大本营，然后再命令将领四下出击。这样才能消灭群雄，建立王业。”

石勒依计行事，占据了襄国。

当时，石勒奠定王业的拦路虎是晋大司马、尚书令王浚。

晋永嘉七年（313年），石勒与部下商议对付王浚的策略，张宾又进计道："王浚表面上是晋臣，其实心怀篡位之志。这时候，他肯定想招揽英雄，图谋天下。将军如要成就大业，就得首先卑身事人，向他俯首称臣。取得他的信任后，再设法除掉他。"

石勒深以为然，便派门客携带许多珍宝，去送给王浚，并向他进表劝称天子。

王浚一开始并不相信，他认为石勒为少有的英才，独据赵国旧都，与自己成鼎峙之势，岂肯甘心臣服于自己。

使者装作很坦诚地解释道，自古以来确实有成为名臣的胡人，但却没有成为帝王的胡人。石勒并不是不想称帝，只是担心他一称帝会招致天怒人怨。所以他才想拥戴您称帝，而他甘效犬马之劳。

王浚听他说得合情合理，才相信了石勒，封使者为列侯，并派使者带着特产回报石勒。

王浚的使者还未到襄国时，他的手下投降石勒。石勒立即杀掉来人，把首级送给王浚，借以表明自己的诚心。所以王浚更不怀疑石勒心怀鬼胎了。王浚的使者到达时，石勒恭恭敬敬地向北跪拜，接下了使者带来的王浚的信函。对王浚赏赐的麈尾装作碰也不敢碰，虔诚地叫人挂在墙壁上，并且说道："我平素见不到王公，见了它就犹如见到王公一样，我要每天早晚拜它一拜。"

石勒又上书给王浚，请求亲自去幽州劝进天子尊号。

王浚的使者返回幽州后，也报告说石勒兵微将弱，但他非常忠诚。王浚听后大喜，以为石勒确实没有欺骗自己。

石勒见王浚上了圈套，便准备动手除掉他。为了稳妥，石勒又询问幽州的形势，从幽州回来的使者说道："幽州自去年闹水灾以来，出现了饥馑。王浚库存粮食极多，却不拿出来救荒。他残杀忠良，排斥谏臣。百姓难以忍受，纷纷外出逃避。他的盟友均怀异心，身边的奸佞贪婪横暴，群臣心情压抑，士卒疲弱不堪。他本人却还在大兴土木，修建台阁，自吹汉高祖与魏武帝都比不上他。幽州城内又屡生谣言，闻者莫不寒心，而他仍旧洋洋自得，毫不戒惧。这些情况正说明王浚的死期为时不远了。"

石勒听了，拍着几案笑道："王浚被擒，指日可待！"

晋建兴二年（314 年），石勒率领一支轻骑日夜兼程，奔袭幽州。

石军行至易水时，王浚诸将闻讯，请求出兵阻截，王浚却发怒道："石勒来幽州，是想拥立我为天子，谁敢声言攻击他，就格杀勿论。"

说完，命人准备酒肉，以款待石勒。

天亮时，石勒兵临城下，叫开城门后，石勒害怕城中有伏兵，便先把数千头牛羊赶在前面开道，说是送给王浚的见面礼，实际上是用这些牛羊堵塞各条街巷，使王浚纵有伏兵也无法出击。

王浚这才感到不妙，紧张得坐立不安。石勒率军冲进王府，立即命甲士逮捕了王浚，当面历数了他的罪行后，押往襄国斩首示众。

石勒终于以巧计扫除了通往帝位道路上的一道障碍。

点评

在推翻西晋统治的战争中，石勒有胆识，有谋略，在谋士的建议下，建立自己的大本营。为了成就帝业，去掉王浚这块绊脚石，他假装对王浚表现出卑微、忠诚、极尽礼数的态度，麻痹了王浚。反观王浚，他不得人心，残杀忠良，大兴土木，领地内的老百姓难以忍受，而他却刚愎自用，认为汉高祖和魏武帝都不如他，并且对石勒的投诚深信不疑。最后，石勒假装去幽州拥护王浚当天子，然后看准时机，逮捕了王浚，公布他的罪行，将他斩首。石勒扫除了称帝的一道障碍。

在石勒灭王浚的过程中，我们看到了石勒运用了“知己知彼，百战不殆”的智慧，委曲求全麻痹敌人，然后亲自率领军队攻城略地。他原先只是奴隶，凭借自己的智慧、勇气、坚韧和部下的帮助，最后成就了帝业。

开卷有益

潜龙勿用

在军事博弈中，如果形势对我方不利，可以选择撤退，保存自己的实力，等待利于自己的时机到来，然后奋起一击，打败敌人。

中国古代经典著作《易经》提出了“潜龙勿用”的思想。它的意思是：事物在发展初期，虽然势头较好，但是自身实力比较弱小，这个时候不可轻举妄动，应该小心谨慎，等待时机，卷土重来。

明代冯梦龙在《智囊》中认为，人与动物一样，当形势不利于自己的时候，应该暂时退却，保全自己，否则必将危及自身。

智慧是行动的源泉，行动是智慧的转化。如果一个人没有智慧而去行动，就像一个无头的苍蝇一样乱窜，没有目标，变化无常，无益于事。一个人应该拥有理智的思维，在纷乱繁杂的困境中梳理出解决问题的方法，当进则进，当退则退，后退是为了将来更好地前进。只知进、不知退是鲁莽的行为，会给自己带来祸害。

历史上的众多现象也告诉我们，根据客观的形势，能屈能伸，是一个人可贵品质的外在表现。

借尸还魂：
张良保太子

事典

张良是汉高祖最重要的谋臣，在楚汉战争中，他运筹帷幄，决胜千里，立下殊勋。

汉朝建立后，左右大臣力主定都洛阳，张良则认为洛阳周围不过数百里，乃是四面受敌之地，不是建都的适宜场所。而关中沃野千里，地形封闭，乃是金城千里，天府之国。

刘邦采纳了他的建议，定都长安。

此后，张良因体弱多病，便闭门不出，练习气功。

忽有一日，吕释之派人把张良强邀到自己家里，说：“你一直是皇上的谋臣，现在皇上想改立太子，你还能在家高枕而卧吗？”

原来，刘邦非常宠爱戚夫人，想废掉太子刘盈，改立戚夫人的儿子赵王刘如意为太子。

大臣们多次谏争，所以刘邦迟迟未下决断。吕后为此事焦虑不安，却想不出一点办法。

有人对她说："张良善于谋划，而且皇上很信任他。"

听了这话，吕后便让吕释之强邀张良问计。张良知道了这些情况，说："过去皇上在危急之中接受了我的计策，现在天下安定了，皇上因自己的爱欲想易太子，这是骨肉之间的事情，就是有一百个像我这样的人，又有何用呢？"

吕释之软磨硬泡说："无论如何也要想一个计策。"

张良说："这件事难以凭口舌之利争辩。皇上想招致而又招不来的，天下共有四个人。这四个人年纪都很大了，都以为皇上轻慢侮人，故逃匿在山野之中，发誓不做汉臣。但是，皇上非常看重这四个人。现在你如果能耗费金玉璧帛，让太子亲笔写信，派一个能言善辩的人前去恭请，这四人大概会来的。他们来了，奉以为太子宾客，时时随从太子入朝，让皇上看见他们，皇上必问，一问知是四个大贤人，这对太子必有帮助。"

吕后听了，立刻让吕释之按张良所言，派人带着太子书信，卑辞厚礼，把四人请下山来，供养在吕泽家里。

后来英布造反，正赶上刘邦患重病，便想让太子带兵攻讨。

四个人商议说，"我们来是保护太子的，太子带兵，地位就危了。"

于是找到吕释之说："太子带兵，有功劳也不能再提高地位了，无功而返，从此就有祸事了。而且军中诸将，都是跟随皇上平定天下的枭将，现在让太子率领他们，就像让羊率领狼一样，他们必不肯尽力，无功而返是必然的。现在戚夫人日夜服侍皇上，赵王如意常抱在皇上面前，皇上说'总不能让不肖之子位居爱子之上'，这不是明摆着是要改立太子吗？你要赶快让吕后找机会向皇上泣涕进言，陛下虽然患病，也应亲征，诸将才不敢不出力。"

吕释之当夜就去见吕后，吕后找了一个机会，按照四人的话向刘邦哭诉一番。

刘邦说："我也觉得竖子没能力带兵，还是我自己去吧。"

张良强起病躯，到刘邦军营说："我理应随陛下出征，可病得太重了。英布的士兵剽悍，不要与他们硬战。陛下去了，应当让太子做将军，监督关中兵马。"

刘邦说："就按你的话办。你虽然重病在身，还是要尽力辅佐太子。"

第二年，刘邦得胜回到长安，病得更厉害了。他自知将不久于人世，更加急迫地要改立太子。张良进谏，不听。叔孙通博引古今，力陈不能易太子，刘邦表面上答应了他，内心还是想易太子。

一天，刘邦举行宴会，太子侍坐。四个人跟随太子之后，他们都八十多岁了，头发胡须都白了，但衣冠甚伟。刘邦感到奇怪，问："你们是什么人？"

四人趋前，自报姓名，刘邦大吃一惊，说："我派人访求你们数年，你们都避开我，现在你们为何跟随我的儿子呢？"

四人都说："陛下轻视士人，每加辱骂，我们义不受辱，所以逃匿山野。听说太子为人仁孝，恭敬爱士，天下的人都愿意为太子赴汤蹈火，所以我们就来投奔了太子。"

刘邦说："就烦请你们调护太子。"四人祝寿毕，快步离去。刘邦目送四人，召戚夫人，指着四人说："我想废掉太子，这四个人却辅助他，太子羽翼已成，难以动摇了。"

戚夫人唏嘘流涕，刘邦起身离去，中断宴会。

太子转危为安，保住地位。不久，刘邦去世，太子登基做了皇帝。

在册立太子的问题上，尽管从周代就形成了立嫡立长的原则，但这一原则能否真正被遵循，还是因时因事因人而异，历朝历代，围绕太子之位总是不断发生明争暗斗，祸起萧墙的惨剧不绝于史。刘邦虽然早在战胜劲敌项羽之前，就按照惯例立刘盈为太子，但他认为刘盈过于柔弱，不像自己，因此并不喜欢刘盈。后来他宠爱年轻貌美的戚夫人，觉得戚夫人所生的儿子刘如意刚毅果敢，与自己相似，便想寻机废掉刘盈，改立刘如意为太子。刘邦是君，刘盈是臣；刘邦是父，刘盈是子；刘邦身经百战、老练敢为，刘盈生长宫中、幼稚软弱；刘邦拥有决定一切的权力，刘盈虽贵为太子却没有自己的武装力量。在这种局势下，刘邦为刀俎，刘盈为鱼肉，刘盈似乎只能听凭刘邦的宰割了。

刘邦并没有隐瞒自己改立太子的意图，满朝文武俱知，一些开国元勋和直言敢谏之士也曾力劝刘邦不要废太子，刘邦一概听不进去，很显然，文武官员在这件事上无法构成对刘邦的制约力量。

如何才能保住刘盈的太子地位?

当这个棘手的问题摆到足智多谋的张良面前时，他也颇费踌躇。按道理说，君主有过，臣只有劝谏一条路，但张良深知，尽管自己是刘邦最重要的谋臣，为汉朝的建立立下赫赫功勋，然而现在已时过境迁，他的话不再有举足轻重的影响，特别是在皇家的私事上，更难发挥作用，弄不好还会引起皇帝的猜疑，那样后果将不堪设想。在无现实力量可以利用的情况下，张良周密思索，想出一条树上开花的妙计，这就是与刘邦玩心理战，让刘邦相信太子已深深博得天下百姓的爱戴和拥护，人心所向，不可拂逆，倘若一意孤行，废黜太子，天下百姓必然会伤心失望，还可能生出不可预料的事变。为了制造这种效果，张良想起了商山四皓，这四个人并不是不想获得地位，只不过是因为刘邦对儒生一向傲慢无礼，甚至向儒冠中撒尿，名声太坏，他们怕投靠过来受到侮辱，所以逃匿山林，刘邦数次聘请，坚不肯就。

太子有仁厚之名，如果卑辞厚币迎请，他们是会下山的。

皇帝请不到的人，太子却可以请到，这自然证明了太子名声很好，太子的影响很大，太子拥有民心。

果然，四位白发苍苍的老翁一下山，竟似乎有了神秘的力量，他们的一言，胜过满朝文武谏言万千，刘盈的太子地位转危为安，安然无恙。

张良因势利导，化虚为实，真乃千古一大智人！

点评

刘邦认为太子刘盈柔弱，不像自己，想立戚夫人的儿子刘如意为太子。刘盈的母亲吕后请人向张良请教如何保住刘盈的太子之位，张良请了四位德高望重的老人辅佐太子。英布造反，刘邦想让太子去平定叛乱，四位老人帮太子分析了形势，使吕后劝告刘邦不要让太子出兵，而是防卫首都。最后，刘邦看到了四位老人辅佐太子，认为太子已经获得民心，终于知道了太子地位稳固，不便废除了。

所谓虚中有实，实中有虚，张良间接使刘邦觉得太子已经获得了天下民心，废除太子会造成天下动荡。这种旁敲侧击的方法比直言确实更能起到作用。

开卷有益

巧借外力

狐假虎威说的是狐狸仗着老虎的威风吓唬别的动物，比喻仗着地位高的人的权势去欺压别人。

狐假虎威的策略也适用于力量弱小的人巧妙地借助外部的力量去实现自己的理想，也就是说达到“小鱼吃大鱼”的目的。

狐狸和老虎的故事在现实生活中可以代表很多事情。如果你处于弱势，你要成功达成目的，就要和能力强的人合作，“老虎”便是那个能力强的人。不过，再强的人，即使有经天纬地之才，也需要和别人合作才能一起达成目标。你所要做的就是想办法和这样的人合作共赢。

如何才能让强者青睐我们并与之合作呢?

首先，要表现出你的真情实意，比如真诚待人，言而有信，做人、做事踏实可靠，让强者相信你的人品。

其次，你要展现自身价值，让他相信和你合作是可以产生价值的。平时多学习他的优点，学习他的行为举止和工作经验，并在自己的生活和工作中不断尝试，提高自己的工作能力和素养。

最后，平时和他交流，多听取他的想法，了解他关注的事物，使你们在私下场合有共同的话题，彼此建立起良好的人际关系，逐渐产生互相信任的友谊。

有利有节：
萧太后审时度势签和约

事典

9月的延芳淀（遗址在今北京通县境内）秋水茫茫，荡着寒波，摇晃着澄碧的天空倒影。远处有片片渔帆，近岸处被刈后的苇茬子上，栖着水鸟。这里是辽朝皇帝、皇后每年春猎的地方。今天的延芳淀边，又是旌旗招展，军伍肃列，但不是萧太后和天辅帝隆绪来此打猎，而是在此誓师南伐。一杆黄龙大纛旗，在空中呼啦啦飘摆，一片庄严的鼓角声响起。萧太后和天辅帝，身着铠甲，腰间佩剑，肃穆地走到旷地上的一棵孤立的树前，树下放着供桌，供桌前几个兵士持刀按着被捆的青牛、白马。萧太后到供桌前，上香之后，拜了天地。天辅帝也在她身后跪拜了。

司礼官高唱："刑牲祭天——"兵士们便挥刀把青牛、白马斩了。

太后与皇帝回到阅武台上，传旨："射鬼箭，出师！"

一队弓箭手跑到阵列前，两名士兵押着一个死囚到一根木柱前，把死囚绑在柱上。弓箭手们列队在木柱的北边，面向南，搭箭开弓，队长喊一声：

“射！”乱箭齐发，射向木柱上的死囚。顷刻间，那死囚浑身箭如猬毛。传令官在阅武台上，把令旗一摆，掌旗官高举着大纛旗出列前行，大军出发了。萧太后和皇帝、众文武百官，骑在马上，在禁军护卫中走入队中，大军浩浩荡荡向南开去……

一场著称于史的辽宋澶渊之战爆发了，这年是公元1004年。辽师进军迅猛，势如破竹，首战唐兴，大破宋军，再战遂城，又败宋军。10月，攻瀛州，克祁州。11月抵洛州。

辽军大举南进，并连续攻城掠地，引得宋朝朝野震动。这时宋太宗赵光义去世，他儿子赵恒即位，即为宋真宗，任用寇准、毕士安为相。

宋主赵恒是个懦弱之人，怀着惊慌的心情，召集群臣商议对策，大臣王钦若和陈尧叟都说：“契丹来势汹汹，前军已逼澶州，迫近黄河，威胁开封。请陛下暂避其锐，迁都向南。”

王钦若是临江（今江苏如皋南）人，极力主张迁都到金陵（今江苏南京）去，说金陵是龙盘虎踞之地，有长江天堑为屏障，最为安全。陈尧叟是四川阆州人，又力主迁都成都，说唐明皇避安史之乱，就驾幸成都，那里才是天府之国，有一夫当关，万夫莫开的蜀山险隘可守。两人争论不休，闹得宋主赵恒没了定盘星，无所适从。

这时宰相寇准站出班来，对赵恒高声说道：“应该把主张迁都的人杀了衅鼓（用他的血涂在鼓上祭鼓），而后擂鼓出征！”

赵恒苦着脸说：“话虽可以这么说，大敌当前，具体方略如何？”

寇准说：“以陛下之神武，文臣武将同心协力，如果御驾亲征，必能退敌。不然，就坚守要地，使敌军师滞兵疲，不战自退。怎么可以轻易放弃开封迁都呢？一旦陛下幸金陵或幸成都，军民之心必乱，志气必然瓦解，江山也就难保了！”

赵恒权衡利害，认为寇准的话确实有理，才勉强不采纳迁都一说，并决定御驾亲征。

此时辽军又攻破德清（今河南濮阳南），萧太后和天辅皇帝进抵澶州城外。这一消息传到开封，赵恒又十分恐慌，赶忙密派大臣曹利用去辽营议和。

澶渊，在澶州西南，是一片沼泽。辽营扎在澶渊之畔，摆开了进攻澶州的架势。这时，宋使曹利用来了。萧太后和天辅帝坐在御帐，刚传旨召见曹利用，大丞相韩德让到萧太后身后低声奏："大帅萧挞凛在攻打宋军时，中弩箭身亡！"

萧太后神色陡然变了，在此关键之时，上将殒命，不等于失落她的膀臂吗？她的眼里泪花闪动着，心里一片空白！这时候，侍臣报："宋使臣到！"

萧太后掩上双目，定了定神：吩咐："召见！"

曹利用进来了，他给萧太后、天辅皇帝行了礼，说："我朝皇帝问太后、皇帝安好！"

萧太后微微一笑说："宋朝皇帝安好？"

她赐了座，让曹利用坐下，而后说："使臣此来为议和吗？"

曹利用说："我主恐战事不止，黎民涂炭，故遣臣来与太后议和。"

天辅帝说："是让我退兵？"

曹利用说："陛下圣明。自古以来，岂有兄弟之国以兵入境之理？"萧太后问："要我退兵，我大军长途而来，无所利而归，可乎？"

曹利用说："北朝兵入南朝境，已属无理之举，太后何复言利？"

萧太后哑然而笑说："无利何用军争！我此次出征，为收复失地，又何言入南朝境？"

曹利用问："太后何出此言？"

萧太后说："瓦桥关南，雄、莫、瀛等州，本我朝之地。"

曹利用连连摇头，说：“我朝太祖皇帝受周禅，即有关南诸州，故此数州是我朝之地。”

天辅帝说：“不然。此数州乃晋献与我朝的，后被周世宗强取了！”

曹利用忙说：“前朝事，非臣所知，臣只知此数州为宋土，太后欲求之，则是欲夺我宋土，臣不敢闻于我主！”

萧太后冷冷一笑，说：“如此说，唯战以决了！”

曹利用说：“臣此来为和，不为战。如太后允和，财帛可以商量。”

萧太后略一沉吟，说：“贵使且休息。”

曹利用退出御帐后，天辅帝问萧太后：“母后，求关南之地，怕不可能了，如宋人岁贡财帛，和议可以订吗？”

萧太后说：“此次南伐，就是要迫使宋人订盟，以期两朝边界久安。我也知道宋人是不会轻易交出关南数州的，如果为了夺此数州，战事何日得了？况且，萧挞凛阵亡了！”说到这儿，她哽咽了，泪水簌簌流下。天辅帝大吃一惊，默默地低下了头。

萧太后掏出手绢拭拭泪，说：“大丞相！”

韩德让答声：“臣在。”

萧太后威严地说：“命人在两天之内攻下通利军城（今河南浚县），以迫宋人议和，为萧挞凛复仇！”

韩德让应道：“遵旨。”

萧太后想了想，又说：“命飞龙使韩杞为使臣，明日随曹利用去见宋主，商谈议和条件。”

御驾亲征的宋主赵恒，此时已抵达澶州。他在行宫里坐立不安，提心吊胆。他问太监：“契丹兵离此多远？”

太监说："契丹大军就扎在南城外。"

赵恒的心越发凉了。这太监趁势说："有几家大臣，仍望陛下迁都金陵。说陛下以万乘之尊，临此险地，十分不妥啊。"

赵恒怔怔地不作声，良久说："召寇准来。"

太监遵旨去了。不一会儿，寇准到。赵恒问："有人议迁都，宰相知否？"

寇准说："臣已知道。"

赵恒问："你仍持异议吗？"

寇准说："是。臣以为，陛下已然亲征至此，就只有前进，不能却步，可进一尺，不可退一寸。河北许多重镇仍在我军控制之下，听说陛下亲征，士气大振，而敌人是孤军深入，不无后顾之忧。如果陛下不能趁势向前，反而弃良机后退，退数步便会使诸军士气瓦解，使敌人凶焰更涨。那样一来，敌军便可能追击，陛下哪还有去金陵的时间？"

赵恒仍是犹疑不定。寇准又请赵恒驾幸城南门敌楼，亲临前沿。赵恒这才一咬牙，站了起来说了一声："起驾！"

赵恒在寇准的催促下到南城，看见城下军容严整，气势健盛的辽军，不禁胆战。但宋军将士一看到皇帝的黄龙伞出现，呐喊欢呼，士气大振。然而，赵恒的心里仍是希望讲和，他回到行宫，想着辽军的气派，惴惴不安。12月间，辽使韩杞与曹利用来到澶州行宫。

赵恒对韩杞说："北朝索取关南，朕以为毫无道理，如果坚决索地，朕也只好陈兵决战了。不过，朕不愿战火频仍，致两朝劳民伤财。如果要财帛，可以答应。"

当韩杞退出后，赵恒又对寇准说："议和是上策，卿可以去负责此事，只要辽人愿和，我朝每岁输款百万亦可！"

寇准本想索还燕云，见皇上意决，只好退下，把负责与韩杞会谈的曹利用叫来，说：“皇上说可给百万，但是，你与韩杞谈判时，如果答应给他们的财帛超过30万数，我即斩你！”这样，曹利用与韩杞会谈后，又同到辽营见萧太后，最后，约定每年送白银10万两、绢20万匹给辽，宋帝尊萧太后为叔母，这样，才算达成了和约。

由于辽宋边境战事不断，虽不分胜负，但总不得安宁，于是萧太后与天辅帝率军兵南征。宋朝方面，虽然皇帝赵恒懦弱，但有寇准等一班贤臣，力举抗战，且宋朝国力尚厚，在寇准的大力鼎促之下，宋主赵恒也披挂上阵、御驾亲征，更激发了宋朝将士抗辽的士气。两家都摆出要决战的样子，两强相斗，究竟鹿死谁手，一时也难于定论。而且两军尚未决战，辽军主将萧挞凛已丧命，这些情景使萧太后领悟到与其与宋决一死战，不如作出以战逼和的姿态，反而能以小的代价，取得屈人之兵的效果。

点评

辽国萧太后出兵攻打宋朝，势如破竹，但是在澶州之战时，将领萧挞凛阵亡，宋辽两国遂息兵讲和。两国和议内容是：宋朝每年输送辽国白银10万辆、绢20万匹；宋辽两国结为兄弟之国，宋主为兄，辽主为弟，所以宋帝尊萧太后为叔母。这就是澶渊之盟。这场和议使两国体面地结束了战争。

萧太后善于审时度势，不仅通过军事进攻恐吓了赵恒，而且又在适当的时候议和成功，而且宋朝每年输送辽国钱财和物资，辽国每年获利，达到了“兵不顿而利可全”的效果。

开卷有益

让人体面下台阶

在社交活动中，哪怕是我们占据有利地位，甚至是得了理，站在了道德制高点，也不能因此而咄咄逼人，把人逼到绝路。

越是占了理，越是要礼让他人。假如对方有意退让，不妨给对方一个台阶下，这有助于让彼此的关系更加融洽。

我们在与他人交谈时，万一聊到了尴尬的话题，就要及时打住，或者转移话题，要充分照顾到对方的自尊心，充分考虑对方的情绪，不露声色地用幽默的方式，尽量给朋友挽回面子，这样的友谊才能长久，良好的关系才能维持。

另外，如果在与人相处的过程中，发现他人遭遇了尴尬的事情，哪怕和我们无关，也要尽量去做一些能让对方面子上过得去的举动。

每个人都有不好表露出来的事情，不愿意到处传扬。我们知破不说破，说话点到为止，为他人遮盖难以启齿的地方，他会在心里对你的善举感激不尽，会在别的事情上间接报答你的恩情。

处处与人为善，处处为他人着想，始终做到让人体面地和我们相处，是一个人智慧的体现，也是其胸襟宽阔的体现。

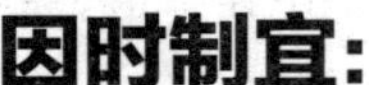

因时制宜：
郭嘉辅助曹操展宏图

事典

郭嘉，字奉孝，颍川阳翟人，身怀奇才，欲为当世所用。郭嘉先去投靠袁绍，他根据自己的观察私下里向袁绍的部下们说出了自己对袁绍的看法。他说：“袁公空想效仿周公礼贤下士之风，却基本不知用人的关键所在；他想得到的很多，却又犹疑寡断。想要和这样的人共同平定天下，建立霸王之业，难啊！”于是，郭嘉毅然离开了袁绍，回到颍川。

当初，颍川地方曾有位善于谋略的贤才，名叫戏志才，曹操很器重他，可惜早死。曹操曾写信给荀彧说：“自从志才故去之后，身边缺少共议大事之人。汝南、颍川一带多有志谋之士，留下访察一下，看有无可以继承志才的人。”

于是，荀彧便向曹操推荐了郭嘉，与之谈论天下大事。当时曹操正与袁绍争锋，深惧袁绍势大兵多，恐难对抗。郭嘉进献了“十胜十败”之策，对双方优劣作了透彻分析，终于坚定了曹操必胜的信心。曹操兴奋地说：“使我成就大事的，必定是此人。”

郭嘉见曹操信人用人，善于采纳众议，也欣喜地说：“这才真正是我的主人！”后来便一直留在曹操身边为他出谋划策。

后来，郭嘉跟随曹操攻打袁绍，官渡之战大败袁绍，在黎阳连战连克，将领们想乘胜追击，也是郭嘉进献缓攻待变之计。他认为，袁绍溺爱的两个儿子，有郭图、逢纪分别做谋臣，二人势力相当，各树党羽，必互相争斗。如进攻太急，他们便会团结一致对付我们；暂缓进攻，他们迟早会自己火并，那时再相机行事为好。后来，果如郭嘉所料，袁谭、袁尚因争夺冀州而发生争战。袁谭被袁尚击败，派人向曹操请求救援。曹操趁势挥兵，一举攻占了袁氏的老巢邺城。之后，郭嘉又为曹操设谋，彻底平定了冀州。曹操能在北方站稳脚跟，进而与孙、刘争雄，关键时刻的重大谋略，无不与郭嘉有关。因此，曹操晋封郭嘉为洧阳亭侯。

曹操北征时，郭嘉患病留在后方。临到病危之际，犹呈书曹操，为曹操进献征讨之策，嘱曰：“丞相若从书中所言，辽东事定矣。”曹操拆阅信件，边看边点头慨叹。信中大意是：今闻袁熙、袁尚往投辽东，明公切不可加兵。辽东公孙康久畏袁氏合并，二袁往投必疑。若以兵击之，必尽力迎敌。若缓之，公孙康与袁氏之间，亦必自相残杀。果然又如所料，不久，公孙康派使者送来了二袁首级。此时，郭嘉已死数日。曹操令众官重新设祭于郭嘉灵前，竟为之痛哭，可见其对郭嘉怜爱之深。

点评

郭嘉发现袁绍优柔寡断，担不起大任，于是离开了袁绍阵营，转投曹操阵营，充分发挥出了自己的聪明才智。在官渡之战打败袁绍后，郭嘉建议曹操不要乘胜追击，等待袁氏政权一分为二再等待机会攻破。曹操北征时，郭嘉在患病之际呈给曹操书信，建议曹操不要攻打公孙康及抓袁氏兄弟，等待公孙康与袁氏兄弟自相残杀。郭嘉为曹操统一北方尽力最后一份力。

郭嘉不管是在选择平台，还是在对曹操提出建议之前，都会分析具体的形势，然后再做出决策。所以，我们看到郭嘉总能为曹操阵营的壮大提出正确的建议，最后都能取得成功。郭嘉的经历也告诉我们，我们在生活和工作中，一定要预先分析好周围的形势，然后找到解决问题的对策。

开卷有益

善于分析客观形势

我们在生活和工作中，要善于分析周围的形势。怎样才能分析好形势呢？下面介绍几种分析形势的方法。

第一，学会宏观分析。形势是宏观的，所以要站在总体、全局的角度分析问题。

第二，学会微观分析。微观分析能对一个整体的各个部分进行更加详实的考察，有助于更好地分析宏观问题。

第三，注意人心向背。俗话说，群众的眼睛是雪亮的。掌握了人心向背，我们才能知道客户需要什么、喜欢什么、不满意什么，从而认识到我们所处的环境，哪些优点须要继续保持，哪些缺点须要改进。

第四，收集有关信息。为了认清我们所处的环境，我们需要收集各方面的信息，有政治、经济、文化各方面的信息，有正面、负面、客观的信息。掌握了多方面的信息，我们才能理性、公正地看待当前我们所处的环境。

第五，调整自己的观念。我们长期接受了环境对自己的影响，无形中产生了对事物的错误看法。所以，我们要接触不同的观点，吸收正确的观点，提高自己的思维层次，从不同的角度看待事物。

第六，学会预测未来。我们可以根据当前形势，根据以往自己的、他人的和历史上的经验教训预测未来，让自己避免未来可能产生的危害。

正所谓知己知彼，百战不殆。在行动之前，客观地分析当前形势，作出有利于自己的决策，我们的生活和工作才会更加顺利。

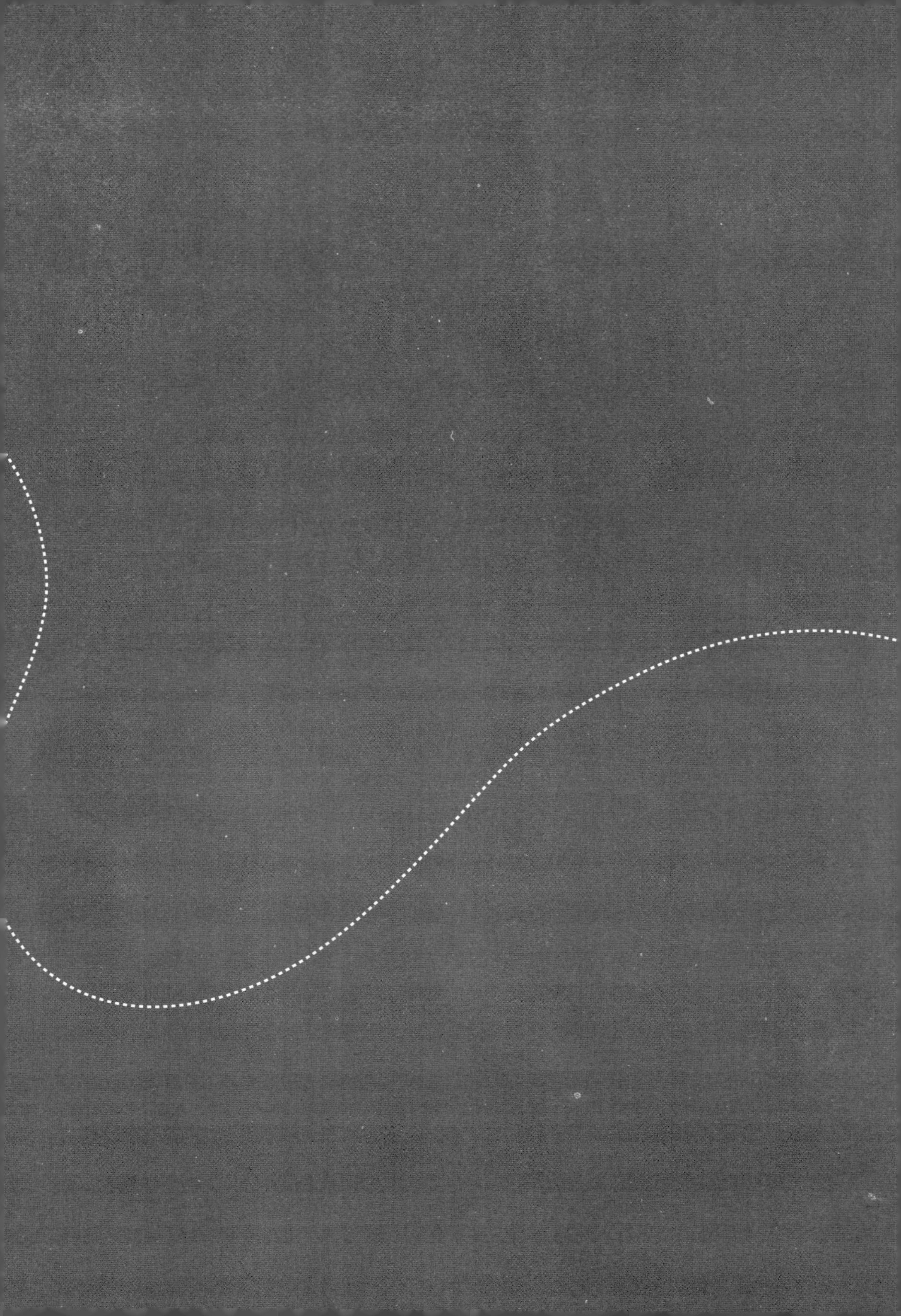

第四章

谋略的布局：关键安排

授权可以使授权者从烦琐的事物中摆脱出来，专心致志地面对大局；被授权者增强了工作积极性、自主决策感和企业归属感。授权使上下级双方都提高了工作的热情，使上下级之间的关系变得融洽，有助于建设一个高效的工作环境。

掌握大权：
掌握人才的本质

事典

在汉武帝看来，人才就是权力，所以，他招募人才，逐渐培养自己的实力，开创了一种别具一格的用权方式。

后来曹操也借鉴了他的做法，即便没有武力，没有财力，但是只要有人，什么都会逐渐得到。

汉武帝年轻时，实权控制在窦太后手中，但他仍想办法任用人才。他颁发命令，让各地推荐人才，于是，公孙弘等许多有名儒生，都被推荐上来，同时进入京城，总数有一百多人。

汉武帝逐篇细读他们的文章，看到董仲舒一卷，武帝击节称赏，叹为奇文。

董仲舒为天下奇才，少时读《春秋》，颇有心得，汉景帝时已为博士，为学子们讲书，滔滔不绝，出口成章，远近学子都奉他为老师。

汉武帝询问治国良策，董仲舒把学识尽皆施展出来，果然压倒群儒，独得汉武帝宠幸。

汉武帝不断发现人才，破格使用人才，先后起用了韩安国、汲黯、公孙弘，这些人后来成为一代名臣。司马相如、东方朔成为当时著名的文学家，唐蒙、严助成为开拓东南、西南的杰出谋略家。

汉武帝几次要求各地根据才能推举人才，任用了韩安国、朱买臣、卫青、霍去病、霍光、李广、程不识、公孙弘、董仲舒、张骞、苏武、司马迁、司马相如等一大批文臣武将。所以《汉书》中说："汉之得人，于兹为盛。"

点评

汉武帝用人不限制出身和民族，从奴婢中提拔卫青，从平民中选拔公孙弘、朱买臣，从匈奴俘虏中提拔王子金日磾，并让他与霍光共同作为后来的辅政大臣。汉武帝还容得下大臣对他的批评，如汲黯对汉武帝直言进谏，说他内法外儒，重用迎合自己心意的人，而汉武帝并没有惩罚他。由此可以看出，汉武帝招揽一切有真才实学的人，让他们在适当的职位上发挥他们的才能。

汉武帝宽大的用人政策，不仅使政治、经济、文化方面进行了一系列成功的改革，而且还反击匈奴，解除了汉朝的威胁，扩大了汉朝对周边的影响力。

开卷有益

学会倾听下属的建议

管理者需要倾听下属的建议。当然，如果下属提出了不符合现实的要求，或者提出了自私的要求，管理者也不能满口答应。但是，当下属真心为公司着想，提出自己的建议时，管理者还是要听进去的。

管理者如何倾听下属的建议呢?

管理者得学会放下自己的架子，仔细倾听下属要表达什么。如果管理者用高昂的语调、严肃的表情给下属制造紧张的气氛，那么下属的心情就会压抑，不敢表达自己真实的想法，这样对组织的建设没有好处。作为上级，应该用平等、谦虚、和蔼的态度与下属说话，化解下属拘束的情绪，下属才能提出有利于公司发展的建议，管理者也就达到了自己的目的。

倾听下属的建议，好处就是集思广益。管理者能力再强也只是一个人，思想也会有局限性。所以，管理者应该充分听取大家的建议，然后进行总结，站在中立的立场上做判断，冷静地思考，抛去不恰当的建议，根据有用的建议得出明确的结论。这样就弥补了管理者考虑不周的地方，使工作更有效率，更贴近实际。

慧眼识才：
识才放权各负其责

事典

元世祖忽必烈一跃而成为天下之主，他的统治秘诀就在于充分授权，使有才能者各负其责，发挥所长。

忽必烈授权绝不是盲目进行的。在进行授权之前，他会对被授权者进行全面考察，只有觉得其人确有才能，而且对自己忠心耿耿时，才会充分授权，放心任用。

被誉为元代创基“首功之臣”的刘秉忠，就是与忽必烈多次交谈之后才受到赏识的。

刘秉忠成为忽必烈的谋士后，尽忠竭虑，诚心辅佐，为元朝的建立立下了卓著功勋，其中之一便是全权负责营建大都。

随着元朝疆域不断向南扩展，统治中心也相应要求南移。在刘秉忠的建议下，忽必烈决定以中都为首都，改称大都，即今天北京城的前身。

这个决定做出之后，忽必烈又委任刘秉忠主持新都城的设计和营建工作。

刘秉忠召集了许多专家，按照古代都城结构的传统，以“前朝后市，左祖右社”的思路设计出新都城的规划。这一设计很快就得到了忽必烈的认可。

新的都城气势宏伟，整齐划一，体现了封建帝王唯我独尊的气势，因此以刘秉忠为首的参与人员都得到了忽必烈的奖赏，刘秉忠也因此更加得到忽必烈的赏识和信用。

忽必烈对农业生产非常重视。元代著名的科学家郭守敬就是在这种情况下得到忽必烈的召见，然后得到充分授权，终于建立了一番功业的。

郭守敬生于一个科学世家，其祖父郭荣就精通算术、水利，郭守敬从小就受到熏陶，成年后在天文、数学、仪器制造和水利工程等方面深有研究。

郭守敬对忽必烈提出了发展华东平原水利工程的六项建议，每条建议都有具体的实施方案，甚至连所需要的人工、物资都计算出来了。忽必烈听了郭守敬有条不紊的介绍后，心中大喜，因为他需要的正是郭守敬这样的人才。于是忽必烈高兴地对左右大臣说：“像郭先生这样的人，才是真正办事的人！要是所有人都能像郭先生这样，国家怎会治理不好？”于是当场委任郭守敬总管各地的河道水利事务。

点评

元世祖忽必烈善于授权，使部下各负其责，发挥所长。

忽必烈和刘秉忠进行了多次交谈，赏识刘秉忠的才能，授予他建设都城的权力。刘秉忠按照古代首都结构的传统，设计出了元朝新的首都大都，该城气势宏伟，整齐划一。

忽必烈根据郭守敬在天文、数学、仪器制造和水利工程方面都深有研究的特点，授予郭守敬在华东平原进行水利建设的权力。这项工程对南北漕运和农业灌溉发挥了巨大的作用。

因为忽必烈具有识人、用人不分民族的优点，所以元朝在忽必烈的治理下，疆域广阔，国家强盛，社会安定，经济繁荣，各民族之间文化交流甚多，东西方贸易往来频繁。

开卷有益

多发掘团队其他成员的优点

在职场中，一个团队里总会有各种各样的人，每个人身上都或多或少会有一些缺点，但相对应的也会有不少优点。

一个优秀的团队决策者需要做的就是发掘其他成员的优点，如此才能让工作高效运转起来。那么，怎样才能发掘员工的优点呢？

首先可以用欣赏的眼光去看待其他成员。如果用挑剔的眼光看待他人，那么看到的就是都是缺点。作为上司，如果总是关注员工的缺点，久而久之就会认为这个员工不堪大用。实际上，这种上司是个情绪化的人。如果一直关注员工的缺点，不仅上司的思想受限，员工的优点也会被忽略，员工将难以把优点发挥出来。

其次也可以主动启发其他成员的优点。当你在与其他员工一起工作的过程中发现其他员工的优点时，可以赶紧提出这个优点，让对方也发现自己可能忽略掉的自身的优点。你可以说一些鼓励的话，让他认识到自己在这个团队的重要性，产生对团队的归属感，这些都是激发他人优点的有效方式。

疑人不用：
魏文侯用人不疑

事典

战国时期，魏文侯推行改革措施，使魏国的经济得以迅速发展，国力逐渐强大，成为战国初年一个强盛的封建国家。在这个改革图强的过程中，尊贤任能对魏国的繁荣起了重大作用。魏文侯尊贤至诚，不是做做样子，而是实实在在按才任用。他任人的最大特点是用其所长，用而不疑。

吴起是当时著名的军事家，但并不是一个完人。他在鲁国任将军，因齐国攻打鲁国，鲁国打算任命他为抗击齐国的主帅。但吴起的妻子是齐国人，所以鲁国议而不决。于是吴起就杀了妻子。虽然取得了胜利，却招来了一大堆闲话。吴起受不了鲁君的猜疑，就投奔到了魏国。

魏文侯亦不计较吴起的“缺陷”，以吴起为将，“击秦，拔五城”。后来吴起用事实纠正了对他的一些不公正看法。

他为将，“与士卒最下者同衣食，卧不设席，行不骑乘”，终于使魏文侯认识到他不仅“善用兵”，而且“尽能得士心”。于是任命他为西河守。

乐羊是魏国一位能干的大将，魏文侯令乐羊为将，攻伐中山国，攻了两年多居然未攻下，引得朝中官员议论纷起。有的说乐羊的儿子乐舒是中山国的宠臣，乐羊哪里会破国毁子呢？有的甚至说乐羊与中山国暗中一定有勾结，不然以乐羊的本领哪里会连一个小小的中山国也久攻不下呢？可魏文侯对乐羊的信任始终不动摇。

不久，乐羊置自己的儿子的请求于不顾，攻破了中山国。

当乐羊打完仗回国之时，“文侯示之谤书一箧”。乐羊被魏文侯信己不疑的诚心所感动再拜稽首曰：“此非臣之功也，主君之力也。”

魏文侯尊贤任能、用人不疑，使他在当时获得了很高的声望，一大批人才都涌向魏国，为魏国开创了其历史上最为辉煌的时代。

点评

魏文侯尊贤任能，推行改革，使魏国成为了一个强盛的国家。在这一过程中，魏文侯做到了疑人不用，用人不疑。

吴起因为要取得鲁国国君的信任而杀自己的妻子，招来非议，他只能离开鲁国，投靠魏国。魏文侯不计较这个事情，任用吴起为大将，攻下秦国五座城。乐羊因为儿子是中山国的宠臣而被旁人说三道四，魏文侯不听那些妄论，乐羊果然不负魏文侯的期望，攻破了中山国。当乐羊打完仗回国后，魏文侯给他展示了一小箱子诽谤他的书信。乐羊感谢魏文侯对他的信任。

所以通过仔细观察、考察对方，确定对方是个可以用的人才后，就放手让他去做，不要对他有所防备，这是对人才的尊重，人才也会对赏识他的人有回报之心。

开卷有益

用人不疑有技巧

用人不疑不是嘴上说说那么简单，还需要在具体的工作中不断让下属感觉到你的信任。

就拿工作中布置任务来举个例子吧。

在向部下布置工作任务的这个举动中，许多上司并没有仔细考虑过此过程中也有信任的因素存在。有的上司认为自己是个尊重别人、相信别人的人。每次向部下布置任务时，他便说："这项工作就交给你了，一切由你做主，不用跟我请示，做好后拿给我看就行了。"

表面上看，这位上司非常信任他的部下，给予他极大的权力，希望他能自由地施展手脚。但是，他这种布置任务的方式会让有的部下认为：上司并不在乎这个过程，他只在结果上把关，说明他并不是十分信任我。

这不能简单地归结为是上司和部下之间的误会。问题在于，布置任务的上司没有注意到他说话的逻辑里透着些许的不信任，这个不信任表现对于结果的把关上。

因此，既然是用人不疑，又通过考察得知了对方的能力和人品都过关，那么就要更加大胆一些，在结果上也给予对方信任。

另外，在布置任务的时候，还可以从以下三个方面云下心思，让下属明白对他的信任：

一，这项工作不是轻易就能做好的，我相信你有能力把这件事做好。

二，我是再三考虑后才决定要你做的。

三，我放手让你去做，做坏了也没事，遇到困难跟我说，我会帮助你。

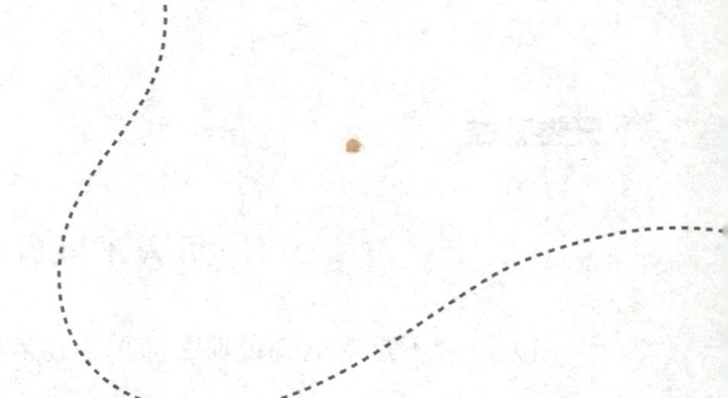

顺水推舟：
把权力送给别人

事典

在中国古代的帝王中，刘备是个突出的人物。虽然他实力不是很强大，但是在用人方面确实有独到之处。刘备把权力放给了诸葛亮，使得诸葛亮可行使皇帝的权力。可他虽然操纵着整个朝政，却忠心耿耿，鞠躬尽瘁，死而后已。这在权力的运用上，的确是一个奇迹。

赤壁之战后，刘备在诸葛亮、法正等人的辅佐下，夺取了荆州和益州，形成了可以和曹操、孙权抗衡的势力。但因荆州问题，孙权和刘备经常发生纠纷。

刘备得益州后，孙刘之间更扩大了嫌隙。盘踞在长江上流的刘备已构成对孙权的潜在威胁，令孙权及君臣耿耿于怀。

孙权即向刘备提出所谓索还荆州的要求，刘备不允。于是孙权派军袭取长沙、零陵、桂阳三郡。刘备急忙引军到公安，命关羽争三郡，双方大战一触即发。当时刘备听说曹操将要进攻汉中，恐益州有失，便与孙权讲和，平分荆州，以湘水为界，江夏、长沙、桂阳属孙权，南郡、零陵、武陵属刘备。孙刘荆州之争乃暂告息，但孙权未得整个荆州，仍不甘心。

后来，关羽提军北攻襄樊时，内部空虚，孙权便袭取了江陵等要地，关羽被害，于是荆州全部丧失，刘备的事业至此遭受重大挫折。

荆州丧失的原因，除关羽本人的因素外，刘备也负有重要的责任。他忽视了荆州的防守，更不应让关羽镇守荆州。关羽为人刚而自矜，既缺乏政治眼光，又不能团结部属，让其镇守荆州是很大的疏忽与失策。

刘备另一重大错误是荆州失守之后，他不应伐吴。等到大军为吴将陆逊所破，他还说："吾乃为逊所折辱，岂非天邪！"

可见他原来就瞧不起陆逊以至东吴。

刘备在取成都、并汉中等一些战争中的胜利，使他产生了骄傲轻敌的情绪，不听群臣谏阻，一意孤行，这是他伐吴失败的主要原因。

不久，刘备病重，不得不考虑死后的问题。

有关"托孤"的记述把刘备对诸葛亮的信任叙述得淋漓尽致，跃然纸上。

一个饱经世态炎凉的宏毅而宽厚的国君，面对自己老实有余、聪明不足的继承者，并不要他一定用各种办法保住皇位，而只是要他一心一意地听从老丞相的指引，以免不辨忠奸，危及大业。假若儿子不能继承，与其把国事弄糟，还不如把皇位让给"功德盖世"的丞相呢！这也是刘备的肺腑之言。

从此，刘备实际上就已经把国家的所有权力都放给了诸葛亮，所以诸葛亮才能竭尽全力，维持内部的稳定，平定西南，结交孙权，北上伐魏，将蜀国的江山延续了好几十年。

点评

刘备授予关羽镇守荆州的权力，是他的失误。关羽刚而自矜，骄傲轻敌，在北伐曹操时，被孙权钻了空子。

刘备在夷陵之战被陆逊打败后，考虑托孤的问题。他充分授予诸葛亮治国的权力，并且嘱咐：如果儿子没有君主的素养，诸葛亮可以取代他。刘备的嘱托表现出了他充分相信诸葛亮的人品和治国之才。果然，诸葛亮不负刘备的重托，重用人才，平定西南，东交孙权，北伐曹魏，维持了蜀国几十年的基业。

从刘备前后两次给部下授权的表现中，我们知道，如果被授权人的素质没有达到一定的标准，就会给组织造成严重的损失。所以对被授权的人要长期考察，确定他确实有能力胜任这个职位，才能把权力交付给他。

开卷有益

根据能力指派工作任务

管理者在指派工作任务的时候，要考察下属的工作能力，把工作任务指派给擅长这一领域的下属。

首先，根据工作能力指派工作任务可以充分发挥下属的优势。每个人都有自己擅长的领域。有的人擅长与人交流，有的人擅长分析问题。根据每个人不同的特点，把任务指派给相应的下属，让他们在自己擅长的领域发挥出优势。这样不仅可以使工作质量得到提高，还可以让下属心里产生成就感。

其次，根据工作能力指派工作任务对于下属个人的发展起到了积极的作用。通过把合适的工作任务指派给相对应的人，可以让每一名下属发挥自己的才能。在工作过程中，下属不断学习，积累工作经验，提高了工作能力。这不仅有利于下属个人的职业发展，而且也为团队的发展培养了人才。

此外，根据工作能力指派工作任务会使企业发展壮大。在每一个岗位上，都指派有相应能力的人去做，发挥出他们的才能，那么这样的企业在工作上既可以节约出时间和成本，又可以制作出高质量的产品，使企业在市场上的竞争力增强。

但是在企业建设中，怎样把有能力的下属指派在适合他的岗位上，这是一道难题。有的下属并不知道自己的优势在哪里，有的下属过高估计了自己的能力，有的决策者没有看到自己下属的能力。这需要决策者拥有一双明亮的眼睛和一颗不偏不倚的心，发现下属的闪光点，指导下属认清自己的优势和缺陷，激励下属把自己的能力发挥出来。

伯乐相马：
孔明识才扶蒋琬

事典

名扬古今的诸葛亮不仅广揽人才、重用人才，还千方百计地保护人才。蒋琬就是在诸葛亮的精心保护、培养下，才逐渐成为蜀汉政权中出类拔萃的人才。

蒋琬，字公琰。在刘备入蜀前，他只是一个小吏，做些写文书之类的事。刘备入蜀后，让他做了县令。

他办事公正，勤勤恳恳，又颇为妥善，受到了同僚们的赞赏和百姓的拥戴，也引起了诸葛亮的关注。可是，有一次刘备因事到了广都县，蒋琬却因醉酒而未出面欢迎，刘备不禁大怒，当即革其职，并判其死罪。

诸葛亮闻知火速赶来，奉劝刘备说："蒋琬平时办事严谨，勤奋公正，且博学多才，有治理国家的本领。这一次，只不过是他偶然的过失而已。再说，蒋琬一贯以安定百姓为本，不善于官场上的迎来送往，不宜因为眼前这件事而判其死罪。"

刘备一向对诸葛亮言听计从，而今见他如此表示，便收回成命，赦免了蒋琬的死罪，但仍然罢免了他的官职。

不久，诸葛亮又把蒋琬扶持起来，并大力培养。蒋琬也发奋努力，精忠报国。

后来，蒋琬还曾代理丞相职务。

诸葛亮率师出征时，总是让蒋琬全权负责军需保障，而蒋琬也总能帮诸葛亮解除后顾之忧。

数年后，当诸葛亮病危时，还特地给后主刘禅写信，称赞蒋琬的人品与才干，并提议在他死后，让蒋琬来接替自己的职位。

刘禅遵照诸葛亮遗嘱，先是命蒋琬为尚书令，次年又令蒋琬为大将军，录尚书事。

蒋琬终于成为继诸葛亮之后的蜀汉政权的中坚人物。

点评

诸葛亮发现蒋琬办事公正，兢兢业业，恰到好处。虽然蒋琬因喝酒没有出来欢迎刘备，被刘备判处死刑，但是诸葛亮在刘备面前肯定蒋琬的人品和办事能力，欣赏蒋琬博学多才，劝谏刘备释放蒋琬。之后，诸葛亮提拔蒋琬，代理丞相职务。在诸葛亮病危的时候，提出由蒋琬来做辅政大臣。

我们都知道诸葛亮任用马谡是他的过失，但是我们还应该看到诸葛亮善于任用人才的一面。诸葛亮发现人才，保护人才，提拔人才，善用人才，是每一名管理者应该学习的榜样。

开卷有益

士为知己者死

很多人都希望自己能得到真诚的关心和重视，人才也一样，他们希望自己的才能被认可，而且有一个平台可以让自己展现才能。

对于管理者来说，能不能激发人才的积极性，是管理的重中之重。

如果是做企业，每个企业家都想让自己的部下为自己创造出业绩，使公司蒸蒸日上。其实，激发部下的干劲并不需要特意花费很大力气。企业家要做的就是真诚关心自己的部下，满足部下的待遇和需求，并给予重用。部下感受到企业家真诚的关怀，也是愿意为企业家赴汤蹈火，在所不辞的。

企业不是战场，而是传递爱与温暖的场所。爱与温暖成为公司的文化，无形中会在公司中凝聚成和谐的力量，激发部下的工作热情。那种没有人情味的管理方式，只会赶走优秀的部下，自己的企业也会被市场排斥掉。只有懂得对部下展现人文关怀的企业才能长久地生存下去。

所谓士为知己者死，女为悦己者容。一名企业家绝不能忽视这一点。企业家如果能拿出对待知己的态度对待部下，那么被知己相待的人也大概率会投之以桃李。

知人善用：
刘邦的高明之处

事典

韩信未能被推选到官府充当官吏，又不肯务农或经商，因而经常投靠他人吃闲饭。

他的母亲病死，没有钱安葬，他便找一块四周广阔的高地为坟，令坟地的周围可以安置万家。韩信的这一举动，表明他青年穷困时期便胸怀大志，自信将来能显贵，受封王侯，因而预先为死去的母亲选择了这样一处四周可供万家守坟人居住的高大坟地。

韩信这种吃他人闲饭的日子，并不好过，很多人都讨厌他。他寄食时间较长的是淮阴乡下的某个亭长家。亭长见韩信举止与一般青年人不相同，整日少言寡语，若有所思，也就听任韩信寄食。几个月过后，亭长的妻子开始讨厌韩信，便清晨提前吃饭，待韩信按往常开饭时辰到达时，人家已吃完，不再为韩信准备饭食。韩信明白了女主人的用意，一怒之下，再也不到这个亭长家去寄食了。

待到项梁在吴中起兵反秦，大军渡过淮河，韩信认为施展抱负的时机已经到来，便手持宝剑投奔于项梁的部下，没有显露出什么名声。项梁战死，韩信隶属于项羽，项羽让他做“郎中”，负责警卫工作。由于职务上的方便，韩信多次就军务大事向项羽献策，高傲自大的项羽根本瞧不起这位小小的郎中，又怎能听得进他的献策？

韩信随同项羽的大军到达关中，在项羽分封诸侯、各诸侯王分别就国时，韩信因不得项羽重用，便偷偷离开楚军大营，投奔了汉王刘邦的部将夏侯婴。

在夏侯婴手下，韩信一时也没能显露名声，只不过是个负责接待官吏的小官而已。

一次，韩信等人因触犯军法而被判处斩刑，同案的人均已问斩。依次轮到韩信，韩信抬头仰视，正好看见夏侯婴，便大声说道：“汉王不想成就夺取天下的大业吗？为什么斩杀壮士？”

夏侯婴闻听韩信出言不凡，又见他相貌威武，便释放了韩信，免他一死，夏侯婴与韩信交谈，十分高兴，并把这一情况向汉王汇报，但汉王并没有重用他。

韩信后来有机会多次同萧何促膝长谈，被萧何认为是位难得的军事奇才，萧何多次向汉王推荐其人，但始终未得到汉王的重视。想来想去，韩信便在一天的夜晚不辞而别，寻找他可以施展抱负的地方去了。

萧何得知韩信逃亡，感到事情重大而紧急，来不及向汉王汇报，立即乘马去追赶韩信，这才有了“萧何月下追韩信”这一千古美谈。

萧何追到韩信，第二天一大早便去汉王府拜见汉王。

汉王见到萧何后又喜又气，骂道：“你深夜逃亡，何故？”

“臣不敢逃亡，臣是追赶逃亡的人。”

“何人？”

“韩信。”

汉王听萧何说所追赶的是韩信，大惑不解，以为萧何在骗他，又开口骂道：“将领逃亡的有十多人，你都不去追赶，说什么追赶韩信，这是撒谎。”

“大王，那些逃亡的将领，都是容易得到的人，至于对韩信这样的杰出将才，普天下找不出第二个来。大王如果是想长久地称王汉中，韩信确实是派不上什么用场，如果是想争夺天下，非韩信不可。”

汉王这才想起萧何曾多次谈到韩信的才能，自己总是没有当回事，这次见萧何不待禀报连夜把韩信追赶回来，感到韩信如不是真的有些本事，萧何怎会如此器重他。想到这里，汉王便心平气和地回答萧何的话：“我当然是想要向东发展。”

“大王如果是决计东征，能重用韩信，韩信会留下来，如不能重用韩信，他迟早还是要逃亡的。”

“我要任命他为将。”汉王说。

“虽任命为将，也不一定留得住韩信。”萧何答。

“那我就任命他为大将。”

“这可太好不过了！”

于是，汉王便要派人召见韩信，拜他为大将。

这时，萧何赶忙阻拦说：“大王向来对部下傲慢无礼，今日任命大将像召唤小孩子一般，这正是韩信所以离去的原因啊。大王如果决心任命韩信为大将，要选择个良辰吉日，事先斋戒，设立拜将的高坛和广场，拜将的礼仪要隆重而完备，如此方才可以。”

汉王答应了萧何的要求，向全军宣布了举行任命大将典礼的日期。

南郑城中的练兵场上，四周的无数赤色军旗迎风招展，手持长矛的卫士笔直地站在校场的四周。

清晨，参加典礼的兵卒列队入场。不久，众将领也都陆续来到坛场，依次立于高坛之下，面坛而立。时辰一到，鼓乐齐鸣。

此刻，传令官在坛上高声宣汉王命令：“拜韩信为全军统兵大将，召韩信登坛受拜为大将。”

之后，韩信攻城拔寨，为汉王立下了赫赫战功，其军事才能也得到了淋漓尽致的发挥。

点评

刘邦便是使用人才的出色实践者。在他的人才资源中，文有萧何、张良，武有韩信。

刘邦选用人才不拘一格。他不在乎人的出身和以前经历的事情，只根据他的优点，安排适当的职位。韩信因为有优秀的统帅才能，成为了大将。

而且刘邦给予人才充分的信任。刘邦听从了萧何的话，在大庭广众之下拜韩信为大将。这不仅反映了刘邦信任韩信，也体现出了刘邦信任萧何。刘邦相信萧何的识人术，所以才会重用韩信。

一个成功的决策者必然善于使用人才。人才是团体中不可缺少的因素，人才会凭借自己的一技之长不断完善团队的建设。

开卷有益

人尽其才

大家都知道“人尽其才”，但是管理者能否真正做到这四个字，还要打上大大的问号。

有相当一部分管理者会按自己的想法不切实际地决策，无形中给下属设限，导致上下脱节。那么有的下属会得过且过，做一天和尚撞一天钟；有的下属另谋高就，脱离这个牢笼。这都是因为下属无法施展出他的才能，反而显得很失败。这既是下属的无奈，也是管理者不愿意看到的。

一名成功的管理者，一定是能做到人尽其才的管理者。

如何才能做到人尽其才呢?

对待被管理者，要给予更多自由发挥的空间，好的建议要听，正确的批评要接受，有功劳了要给予奖赏，有进步了要提拔，有学习的机会了要安排被管理者去学习，这些都是人尽其才的方式。

作为管理者，应该将上面的话作为座右铭，如此，基本上能做到人尽其才了。

关键部位：重用宰相李德裕

事典

唐武宗是唐穆宗第五子，唐文宗的弟弟。

唐武宗重用宰相李德裕，削除宦官仇士良的官爵，没收其财产。他是中唐时期比较有作为的年轻君主，在他统治期间，政治比较清明。故事还得从他的二哥唐文宗李昂病重时说起。

开成五年（840年），唐文宗突然病重，卧床不起，以皇太子李成美监国。宦官仇士良、鱼弘志认为让太子李成美继帝位，自己没有功劳，便用武力发动宫廷政变，强立皇弟李炎监国，将宰相李珏等人逮捕监禁，将皇太子李成美和一大批皇亲国戚杀死。仇士良还怨恨唐文宗立嗣时不和他商量，对过去受文宗宠幸的乐工、内侍杀的杀、贬的贬，一派恐怖气氛。

几天后李炎在仇士良、鱼弘志等人的保护下登上帝位，是为唐武宗，翌年改元会昌。

唐武宗即位后，仇士良自然按惯例总揽朝政大权，可是唐武宗却采取了一个措施，使局面有了变化，那就是他将淮南节度使李德裕调入京师任门下侍郎、同平章事。

李德裕任宰相后，入朝拜谢时，便对唐武宗讲出自己的政见，他对唐武宗说道：“治理之要，在于辨别群臣中之邪人与正人，邪正二者势不相容，正人指邪人为邪，邪人亦指正人为邪，人主要辨别是很难的。先帝们也知道朋党的祸害，但所用的也都是朋党之人。”

会昌元年（841 年），仇士良多次劝唐武宗杀掉支持唐文宗立李成美为太子的臣子，唐武宗下诏赐死一批臣子，派出朝中使者去杀杨嗣复和李珏两人。

两个使者出发时，户部尚书杜悰得知，快马奔赴宰相李德裕府中，对李德裕说：“天子年少，新即位，此事不可手滑（即不可随意杀人）。”李德裕连忙同宰相崔珙等人接连上书劝阻，又邀请枢密使至中书省，入宫请求唐武宗在延英殿召集宰相们讨论此事。

经大臣们的恳切请求，唐武宗终于在延英殿召见李德裕等宰相。

李德裕涕泪交加地劝说道：“陛下宜慎重处理此事，毋致后悔。”

他在此之前送的奏疏中曾列举先帝杀宰相而后悔的事。

李德裕等人还提出，这二位宰相未经审讯便处死是不应该的。但唐武宗仍然无动于衷地说道：“朕不悔。”

唐武宗三次命他们坐下，李德裕等人不坐，说道：“臣等愿陛下免二人于死，勿使其死后众人为之喊冤。今未奉圣旨赦之，臣等不敢坐。”

僵持了好一会儿，唐武宗才说：“好吧，就为你们放过这两个人！”

李德裕等高兴得下阶欢呼舞蹈。

后来，唐武宗下了一道命令：从今以后臣下论人罪恶，应先付御史台按问，不可直接向宫中要求治罪，以杜绝谗言邪害。

这就把仇士良等人直接要求皇帝惩处异己的门给关闭上了，从此以后，凡军国大事，唐武宗就和李德裕等宰相商议，尤其是和李德裕商议最多，军国大事的商议决策已经没有仇士良的份儿了。仇士良逐渐被冷落在一边。

唐武宗对李德裕的信任，激起仇士良心中对李德裕的极度愤恨，他要找机会和李德裕较量一番。

会昌二年（842年），唐武宗要举行接受群臣上尊号的仪式，之后宣布天下大赦。

这之前有人对仇士良说："宰相与度支大臣商议要草拟一份赦书，并削减禁军支出。"

统率禁军的仇士良一听大怒，当众扬言道："如有此事，到那一天，军士一定会在楼前喧哗。"

这话传到李德裕那里，他进宫请求唐武宗在延英殿听他申诉。

唐武宗听后大怒，立即派遣使者到禁军宣告说："赦书中没有减粮这回事，而且赦书都是出自朕意，非由宰相而出，你们怎么可以说这样的话呢！"

仇士良听后，惶恐羞愧，连忙跑去向唐武宗认错。

会昌三年（843年），仇士良眼看大势已去，便以老病为由，提出让他当个有职无权的散官。

仇士良免官，其党羽门徒送他回到自己的住宅时，他还教导他们如何巩固天子对自己的恩宠，他说道："天子不可让他闲着，要时常以奢靡娱乐他的耳目，不断变换花样，使他无暇顾及他事，然后吾辈可以得志。慎勿使之读书和亲近儒生。他见前代兴亡，心知忧惧，则我辈被疏斥矣！"

其党徒叩头拜谢而去。

会昌三年，仇士良死去。

会昌四年（844年）夏季，宦官中有人揭发仇士良的旧恶，发现他家藏兵仗数千件，唐武宗于是下令削夺其官爵，没收其家财。

点评

唐朝中后期，宦官专权，皇权衰弱，唐王朝统治出现严重危机。宦官仇士良把唐武宗当成傀儡，要把不利于他掌权的人都杀掉。但是唐武宗听从了李德裕等正直大臣的话，不仅没有滥杀大臣，还把仇士良的职权削弱。而且面对仇士良对李德裕的挑衅，唐武宗直接站在了李德裕一边，仇士良因此惶恐不安。

不过，在仇士良失势之后，仍不忘告诉他的徒子徒孙们如何让皇帝疏远朝政，使宦官永远享受荣华富贵。

唐武宗在位期间打击宦官势力，削弱藩镇割据的势力，听取大臣的忠言，开创了会昌中兴的局面。

这个故事启示我们，应该看清楚自己身边的人谁是真正为团队着想的，谁是可能会破坏团队团结的。一个好的决策者，要听信正直的人的忠告，让正直的人实现自己的价值，让团队蒸蒸日上，从而正向发展。

开卷有益

不同的下级需要不同的对待方式

不同的下级需要决策者使用不同的关注方式。许多决策者因为忽视了这一点，导致不能充分使用人才，而使工作出现失误。

决策者一旦交代一个人完成一项任务，就必须根据他的特殊情况来确定特定的工作监督和关注方式。

决策者风格中有常见的四种形式：指派式、参与式、劝说式和命令式。

指派式：最理想的工作指导模式，接受任务者工作经验丰富，有独立完成任务的能力。

参与式：决策者同群众一起工作，指导大家如何做。

劝说式：对那些缺乏热情和动力的下级，如果你能说服他们，他们会出色地完成任务。

命令式：对那些没工作热情和动力的人，你必须强硬地告诉他们做某项工作，不管他们喜欢与否。这种模式用得越少越好。

决策者工作最易犯的错误就是千篇一律、一刀切。这是完全不可取的。这样的决策者是跛扈的，不通人情的。每个人的性格都不一样，决策者对待不同的下级采用不同的方式，才能使每一个下级都能发挥出他们应有的能力。

唯才是举：王平破格受擢升

事典

诸葛亮是三国时期蜀汉政权的政治家、军事家。他的文治武功家喻户晓，妇孺皆知。

的确，诸葛亮不简单，刘备白帝托孤，诸葛亮“受任于败军之际，奉命于危难之间”，力挽狂澜，以小小西川一隅之地，与强大的曹魏政权相抗衡，以攻为守，使曹魏不能得志于蜀汉，堪称卓越的成就。

诸葛亮之所以在政治、军事上成就卓著，原因固然很多，而他能不拘习俗地用人选将当是重要的因素。

民谚说：一个篱笆三个桩，一个好汉三个帮。

诸葛亮用将不讲门第、资历、关系，只要是能谋善战者，便予以重用，甚至破格提拔。后来的大将军蒋琬，原来是职位很低的官吏。诸葛亮经过考察，发现蒋琬忠诚正直，于是就加以破格拔擢，委以重任。北伐时，诸葛亮使蒋琬留守成都做后勤。

又如姜维，原是魏国职位不高的将领，诸葛亮首出祁山时收降了他，见他忠勤时事，于是就不计较其降将的身份，提拔他担任奉义将军，封为当阳亭侯。

诸葛亮还鼓励部下推荐人才。

而诸葛亮重用王平，则是其知人善任问题上又一个比较典型的事例。

王平，原是曹操手下的一个小军官，后投奔刘备，拜牙门将、裨将军。

蜀汉建兴六年（228 年）春天，诸葛亮率领十万大军首出祁山，北伐中原。王平被划属担任先锋重任的参军马谡麾下，协助马谡扼守战略要地——街亭。

马谡出任先锋要职后，拘泥于兵法“居高击下”等教条，“违亮节度，举动失宜”，“舍水上山，举措烦扰”，王平根据实战经验，料到这样做十分危险，因此多次规谏马谡改变错误做法，主张及时扼守交通要道，力保水道畅通。然而马谡却固执己见，断然拒绝了副将王平的正确建议。王平见劝阻无效，便率领一千余人另扎营寨以为犄角，以便在危急时能够相机行事。

事情果然如王平战前担忧的那样。

魏军突至，将马谡的部队团团包围，并断其水源，使蜀军不战自乱。魏军乘势大举进攻，大破蜀军，马谡狼狈逃窜。

在这种危急局面下，王平再次表现了自己杰出的将才。他令所部将士“鸣鼓自持”，疑惑魏军。这一招果然有效，魏将张郃疑其伏兵，于是王平得以退回祁山大营。

街亭失守，使诸葛亮失掉了进攻的据点和有利形势，丧失了夺取陇右的战机，首次北伐遭到挫折。然而王平却在此战中开始显露其知兵善战的才能：他劝阻马谡“舍水上山”之举，反映了他洞察战局的识见；而他击鼓疑敌，则体现了他临机应变的能力。

因此，诸葛亮回师后，在按律诛斩马谡等败军之将并上表“自贬三等”的同时，独独对王平褒奖有加，破格拔擢，使他成为蜀军中一位显赫的大将。

点评

诸葛亮慧眼识人，破格提拔人才，使蜀国三分天下有其一。他看重蒋琬忠诚正直，破格提拔他镇守成都。他发现姜维忠勤时事，不计较他降将的身份，让他担任军事将领。在北伐中原的战争中，王平指出马谡的布阵错误，并做好补救措施。诸葛亮秉公处置，斩马谡，自贬三等，并且对王平褒奖有加。

诸葛亮观察人物从品德和才干两方面入手，充分做到人尽其才，奖惩并行。对于自己的失败，他做到了惩罚自己，在朝廷中树立了公平公正的榜样。诸葛亮一生鞠躬尽瘁，克己奉公，是历代为官的楷模。

开卷有益

培养有潜力的下属

作为决策者，当你发现下属中有表现卓越的人才，应该善加任用。如果因为不信任他，无视他，把他当作平庸者，公司将走向下坡路。

当你发现人才后，需要注意：把他当作你管理技术上的一项挑战。在资质平庸的下属看来，你的管理绰绰有余。但是在优秀的下属眼中，你的决策者岗位代表的只是一个职位，并不表示你的才干比他优秀。

要让这样的人对你心服口服，你须要做出以下几点：

第一，鼓励他公开说出自己的观点或建议，这是增加他对你的信任感，以及他对公司的归属感。如果他的建议被你接受，他必然更加乐于创新。

第二，赞美他杰出的表现。你不要怕他会被宠坏，对他的赞美会使他对你感恩戴德，记在心里，他在工作中也会更加有干劲。如果你对他冷漠，他对公司就没有归属感，会找机会另谋高就。

第三，给他富有挑战性的工作和完成的期限。他会认为他得到了重视，不至于沉闷地工作。他也会在截止日期前卓越地完成工作。

第四，推荐他学习有帮助的课程。他学习课程才能开拓思路，把学到的知识融会贯通地用在工作中。如果你把他的工作排得密密麻麻，他根本没有学习新事物的时间，他会筋疲力尽。人才并不是万能的，他也有不懂的事物。

培养有潜力的下属，让他发挥出最大的潜力，要重视他，认可他，鼓励他，让他成为你事半功倍的好帮手。

明确取舍：
努尔哈赤的选择

事典

努尔哈赤以 13 副铠甲起兵反明，但在内部他却遇到了来自兄弟的强有力挑战和儿子的困扰，为了巩固自己的权力，对最亲的人也要下手。

嘉靖三十八年（1559 年），努尔哈赤出生于建州左卫赫图阿拉城。建州左卫是奴尔干都司治下的一个卫所，从明成祖开始，努尔哈赤的祖先就担任建州左卫的指挥，此后因战功而世袭建州左卫指挥使一职。

努尔哈赤的父亲成年后，由于受继母虐待而没有分到什么家产，努尔哈赤因此随父亲与辽东汉人做生意，借此机会熟悉了明朝的形势和典章，还学会了识汉字，增长了见识。当他投奔明朝边将李成梁时，深得李成梁的器重。

当时雄踞东北的王杲屡次犯边，被李成梁击败处死，王杲的儿子阿台起兵复仇，遭李成梁部队围困。努尔哈赤的祖父进阿台寨去救女儿，努尔哈赤的父亲也陪伴前往，结果明朝军队攻营时，二人遭杀害。

努尔哈赤听到噩耗时，悲痛万分，质问明廷为何杀死自己的亲人，明朝派使臣表示谢过，给了他 30 道敕书、30 匹马，又授给他建州左卫都督、都督佥事加龙虎将军的衔品（爵至正二品）。

但是明朝对东北的政策仍然没有改变，继续执行分化、压迫女真的路线，万历十一年（1583 年），年仅 25 岁的努尔哈赤终于用父亲遗留的 13 副铠甲起兵，开始了统一女真、反抗明朝的斗争。

随着反明斗争的不断胜利，努尔哈赤受到了来自他的弟弟舒尔哈齐的强有力挑战，兄弟二人展开了权力角逐。

早在努尔哈赤起兵之初，舒尔哈齐就成为努尔哈赤的得力助手，兄弟二人共同处理内部事务，相处还算是融洽。从明朝的往来官方文书中也可以看出这一点，因为里面总是将努尔哈赤兄弟二人并称，而且舒尔哈齐曾以建州卫都督等身份，多次到北京向明廷“朝贡”，这在他兄弟之中，除长兄努尔哈赤之外是绝无仅有的。

然而，努尔哈赤与舒尔哈齐的关系从万历二十三年（1595 年）开始出现了变化。据一位名叫申忠一的朝鲜官员回忆，他到舒尔哈齐那里去时，见舒尔哈齐营帐中的各种器具均远远比不上努尔哈赤，对此舒尔哈齐也直言不讳，要求申忠一“日后你佥使若有送礼则不可高下于我兄弟”，明显表露出对努尔哈赤的抱怨和不满。

万历二十七年（1599 年），努尔哈赤率军队攻打哈达城时，由于舒尔哈齐所部战斗不力，使努尔哈赤大怒，在哈达城下当众怒斥舒尔哈齐。

舒尔哈齐虽然没有还嘴，但内心对努尔哈赤已生怨恨，兄弟之间的关系正式出现裂痕。

到万历三十五年（1607 年），努尔哈赤又以舒尔哈齐在乌碣岩战役中作战不力为由，下令将舒尔哈齐的两名部将常书、纳奇布论死。舒尔哈齐不服，认为是努尔哈赤想削弱他的势力，于是向努尔哈赤极力担保，常书和纳奇布这才免死，改罚常书银一百两，夺纳奇布所属牛录。

努尔哈赤这次虽然答应了舒尔哈齐的请求，但渐渐疏远了他，后来又借故削夺了他的兵权，将他放到一个有名无实的位置上。被削夺兵权的舒尔哈齐内心郁闷难耐，经常口出怨言，向他人诉说努尔哈赤的不是，还说与其这样活着不如死去好。

努尔哈赤见舒尔哈齐公然与自己作对，为了巩固汗权，不受舒尔哈齐的潜在威胁，他下令收回舒尔哈齐的财产和阿哈（家奴）。为了免除后患，努尔哈赤又将舒尔哈齐的儿子中经常反对自己的阿布什杀死，并将舒尔哈齐的部将武尔坤吊在树上活活烧死。

然而，努尔哈赤还不放心，最终于万历三十九年（1611 年）将舒尔哈齐杀死，一说死于囚禁中。

在解除了舒尔哈齐对汗位的威胁之后，努尔哈赤又面临着第二次家族内部的斗争，这场斗争的焦点集中在他的长子褚英身上。

褚英生于明万历八年（1580 年），18 岁的时候就奉父命率军攻打安楚拉库路，由于作战勇敢、杀敌有功而被赐号“洪巴图鲁”；之后又在乌碣岩战役中立功，被赐号“阿尔哈图土门”。由于褚英在兄弟之中居长，且又经常随努尔哈赤出征立功，努尔哈赤有意培养他做自己的接班人。为了锻炼褚英，努尔哈赤授命于他执掌国政。

褚英的受宠很快使他受到其他兄弟，尤其是四大贝勒和五大臣的嫉妒和反对。四贝勒即努尔哈赤的二子代善、侄子阿敏和五子莽古尔泰、八子皇太极，他们各为旗主贝勒，拥有军队和权势，在旗内是最高统治者。他们不满褚英得势，加上满洲又无立嫡长传统，所以他们不断向努尔哈赤揭褚英的短处，企图使努尔哈赤疏远、废黜褚英。

五大臣是与努尔哈赤长期同甘共苦的亲密伙伴，即费英东、额亦都、扈尔汉、何和礼及安费扬古。他们在多年追随努尔哈赤的过程中，立下了卓著功勋，因而威望高、权势大，连努尔哈赤对他们也要礼让三分，而褚英不到30岁就执掌大权，对他们又缺乏应有的礼数，所以他们也对褚英有所不满。

于是，四贝勒和五大臣联合起来，共同向努尔哈赤告发褚英。努尔哈赤起初并不相信，但禁不住他们多次说褚英的不是，努尔哈赤也有所动摇，就让他们每人写上一份文书。这些人的文书呈上后，努尔哈赤十分惊怒，因为里面说褚英不仅挑拨诸贝勒和大臣的关系，勒索他们的财物，还扬言若自己继汗位，将诛杀诸弟与大臣。

努尔哈赤见此情景，又将褚英与四贝勒、五大臣的力量相权衡，最后不得不疏远褚英，并于万历四十三年（1615年）将其处死，褚英当时年仅36岁。

点评

努尔哈赤在统一女真的战争中，与弟弟的关系从亲密配合到失和，再到最后消灭弟弟舒尔哈齐，兄弟阋于墙，无疑是一场悲剧。但这也是努尔哈赤为了维护部落的凝聚力，不得不做出的选择。

后来，他再次面临一场家族争斗。原因是努尔哈赤看好长子褚英，但是因为褚英自己的行为不检点，缺乏礼教，口出恶言，遭到了弟弟们和大臣们的反对。努尔哈赤因此惩处了褚英，为部落的长期发展扫清了道路。

努尔哈赤的做法增强了部落的凝聚力，为清朝的建立奠定了基础。当然，从反方面来说，如果弟弟舒尔哈齐不对哥哥心生不满，体会努尔哈赤的良苦用心，这一对兄弟会是很好的合作伙伴。如果褚英为人行为端正，对待大臣体贴入微，不被人抓住把柄，那么凭他在战争上的功绩，他会是一个很好的继承人。

开卷有益

增强团队的凝聚力

团队是一个牢固的整体，是成员共同目标的体现。一个有凝聚力的团队，才能使成员之间关系和谐，工作效率提高。那么如何才能增强团队的凝聚力呢？

一、团队要有铁一般的纪律

团队要有严明的纪律，每一名成员都要有自我约束的意识，要做到对纪律有敬畏的心态，大家共同维护好纪律的权威。如果纪律涣散，成员各行其是，团队的结局只有失败或解散。

二、建立良好的团队文化

团队文化指大家都认可的价值观，是一种精神指向标。它可以让大家互相信任，团结合作，使大家在做事情的时候更有干劲，从而提高工作效率。如果团队中人人都互相猜疑，“我多做了我吃亏”，那么这样的团队的气氛是压抑的，团队崩溃也是迟早的事情。

三、决策者善于解决矛盾

成员之间产生矛盾会阻碍团队的凝聚力，继而阻碍工作任务的完成。那么，一个决策者需要有健康的人格，在成员们中树立强有力的威信，明事理，会调节。当然还要有是非观，遇到关键的谁对谁错的问题，不能对矛盾两方都不得罪，应该要纠正错误，使团队健康发展。

一个有凝聚力的团队会使成员们互相尊重，互相信任，互相学习，共同成长，体现自己的价值，在激烈的市场竞争中才能实现成员们的共同愿望。

多方求证：
北宋统一之路

事典

宋太祖赵匡胤夺取政权，顺利而迅速地平定了内部反抗势力之后，新建王朝得到初步的巩固，他便准备统一中国的军事行动。当时，南方有南唐、吴越、南平、湖南、南汉、后蜀、漳泉等割据政权，北方有北汉、辽国。这种四分五裂的局面，严重阻碍了南北经济、文化交流和社会生产力的进一步发展，也威胁着北宋王朝的安全。

当时，在四分五裂的割据政权并峙的中国大地上，辽和宋是两个力量最强、最具备统一中国条件的国家。就辽和宋而言，辽的经济、军事力量又显然占优势，而宋由于建国不久，在国力方面处于劣势。

北宋建国时，辽已立国四十余年，幅员广阔，五谷常常丰收，人口繁殖很快。经济实力远比深受五代战乱之害、元气未复的宋强大。辽当时拥有军队五十万，而宋只有禁兵十九万。

面对这样的形势，如何统一天下呢？为这件事，宋太祖常常夜不能寐。建隆元年（960年）8月，太祖即位不久，就开始“密访策略”，向大臣们征求意见。大臣张永德说：“北汉兵少而悍，加以辽外援，不可匆忙地进取。臣以为，每每多置兵卒，骚扰其农作田事；再派间谍打入辽国，破坏离间辽和北汉的关系，以断绝北汉的外援，然后再伐北汉不迟。”宋太祖赞成其法。

之后某年入冬，在一个大雪纷飞的夜晚，太祖苦思用兵方略，难以入睡，便约了皇弟、开封府尹赵光义，深夜去扣宰相赵普的大门。赵普开门，见皇帝屹立风雪之中，非常吃惊，连忙迎进相府，堂屋内铺起厚厚的地毯，燃起炽热的烤肉炭火，围炉而坐，赵普妻子亲自把盏行酒。酒行数巡，赵普启问太祖：“陛下所来为何事？”

太祖道：“我睡不着，一榻之外，都是人家的地盘，因此特来找你商量。”接着用试探的口吻说：“我想攻打太原。”

赵普沉默良久，说道：“臣不知道该怎么做。”

赵匡胤问赵普原因，赵普说：“伐取太原，由我大宋独自承担辽国之患，还不如先放过它，可以作为我们的屏障！等削平诸国之后，再去攻取也为时不晚。”

公元963年，太祖出兵两湖，一举灭掉南平、湖南两小国。之后相继灭掉了后蜀、南汉和南唐。实践证明了宋太祖“先南后北”战略的正确性。

点评

赵匡胤当上皇帝，建立北宋之后，面对的是诸国并立的局面。如何实现统一，是他要面临的问题。赵匡胤向文臣武将征求统一方略，最后听取了赵普的“先南后北”的方针，即先吞并南方各个小国，扩大了实力，再面对北方的北汉和辽国。赵匡胤按照先南后北的步骤，对南方诸国各个击破，为统一创造了大好形势。可惜赵匡胤生命短暂，死得不明不白。若他生命延长20年，或者10年，也许北宋的未来会更美好。

这个典故告诉我们，在做一件事之前，要进行规划，然后在做事情的过程中，根据制定的规划有条不紊、按部就班地实行。把一个一个的小目标实现了，离大目标的实现就不远了。

开卷有益

化繁为简

决策者工作的特点是范围广，事情杂，头绪众多。在这样的情况下，要节约时间，提高效率，就必须把复杂的事情简单化。

在职场中，决策者分两种类型：一种是把简单的事情复杂化，结果事情越办越没有头绪；另一种是把复杂的事情简单化，办事情又快又好。显然，第二种决策者掌握了化繁为简的方法。

化繁为简是一门艺术，主要包括以下几个方面。

一、抓住事物的关键环节。在工作中，决策者必须善于在纷繁复杂的事物中抓住主要环节，使复杂的事物变得脉络可寻，清晰可见，从而使问题得到解决。

二、简化不合理的工作程序。决策者面对许许多多、大大小小的问题，这些问题都排着队等着被处理。如果完全按照工作的排队顺序来处理，也就是事无巨细，一律平等，那么就会导致一直在处理许多“小事”，延迟了重要的“大事”，即因小失大。决策者可以先处理最紧急、最重要的事情，将不重要的事情稍微延后。

提高决策者的时间效率，要求以社会效果和经济效益为准绳来确定事情的排列顺序。决策者可以将每天面临的杂乱无章的工作系统化，按工作的轻重缓急、贡献大小来分为不同的类别，确定前后次序，这样做事情会轻松自在，容易驾驭。

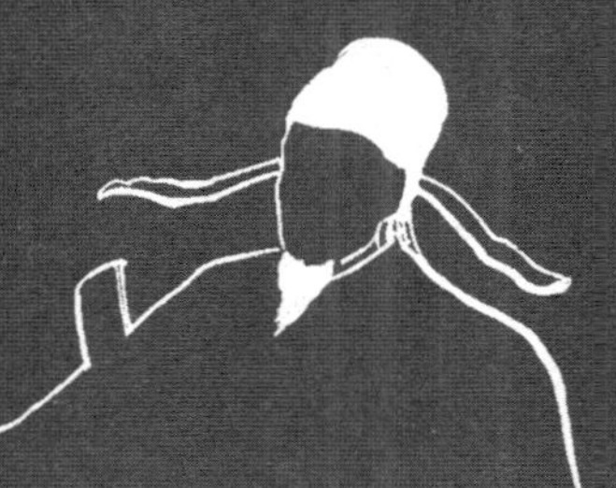

第五章

谋略的生门：如履薄冰

谋略有死门，那便是通过谋略获取权力之后骄傲自矜，无法无天；谋略也有生门，那便是谨慎处世，手握权力，如履薄冰。

谋略的最终目的是达成目标，所以在运用谋略的过程中不可不察，不可大意，更不能随心所欲，而是应考虑周全，谨小慎微地应对所面临的问题。

找到平衡：
樊宏不结皇亲

事典

樊宏是南阳巨富，早在刘秀起兵之前，便已娶了刘秀同族的女子为妻。刘秀称帝后，他被授以官职，委以重任。可他在仕途上不求高升，而是处处小心谨慎，严以律己，只求家人平安无事，并经常告诫儿子们说："富贵至极的人家，没有几个能有好下场。我并不是不喜爱荣华，可是乐极生悲，历代贵戚多遭覆亡，这便是前车之鉴。能保全寿命，善始善终，岂不是最大的福气吗？"

樊宏临终前，嘱咐丧事一切从简，不能下葬任何陪葬品。

长子记住了父亲的教诲，远避权势，洁身自守；他的弟弟却想高攀帝室，想将楚王的女儿娶为儿媳。

哥哥劝阻道："当年我们家备受荣宠，一族之内五人封侯，那时只要父亲说一句话，男儿可娶公主，女儿可配皇子，只是由于担心贵宠太盛会招来灾祸，所以没有这么做，你只有一个儿子，何必同楚王搅在一起，自取不测之祸呢？"

弟弟不听他的，正在这时，楚王刘英谋反的事情暴露了，朝廷穷治此案，株连而死的多达数千人，弟弟一家自然难于幸免。

点评

追求极致的荣宠，顺遂的时候自然是一切看上去都很美，一旦遭遇了挫折，就会站得越高、摔得越痛。同样地，站在人生的巅峰，也会被更多的目光所注视，也就更容易出错。

这便是水满则溢，月盈则亏的道理。

一个人如果忽然走到了人生的巅峰，那么便会打破自身周围的人际关系上的平衡，接下来就要面临各种关系的变动，很多人是无法在这种变动中独善其身的，这大概也就是走上巅峰后很快就要面临下坡路的原因吧。

一个谨慎的人，明白做人、做事不能不管不顾地追求极致，而是应该谨慎对待想要更进一步的欲望。要在欲望和现实之间找到一个平衡点，宁可细水长流，也不要冒险追求一步到位。

开卷有益

寻找平衡

在文艺创作中，如果作品不能反映尖锐的矛盾冲突，不能反映那些极不平衡的人际关系，就不能吸引观众入戏。

在杂技表演中，越是在难于平衡的高难度动作中保持平衡，便越能成为受人欢迎的精彩表演。

引申到日常的工作中，一个决策者既要面临好的文艺作品中所看到的那种复杂人际关系，也要面临杂技表演中的寻找平衡点。两者汇集在一处，可谓是难上加难。很多决策者因此总是感慨人际关系复杂，难以平衡身边的各种关系。

决策者想要服众，让自己布置下去的任务能被大家很好地执行，首先就要找到人际关系中的平衡。

怎么才能找到这个平衡呢？最简单的一点就是一碗水端平。

一个好的决策者，首先不能因为自己的喜好去对待下面的下属，其次不能以亲疏去对待下属，最后不能只听下面某个下属的一人之言。

好的决策者，总是能一碗水端平。在工作中尽量不带着个人喜好去对待下属，不论是自己看得顺眼的，还是不合乎自己心意的，都能人尽其用；不管是和自己关系亲近的，还是和自己关系疏远的，决策者都能一视同仁，根据工作才能去用人，唯才是举；如果有下属心生不满，提出自己对他人的一些见解，好的决策者便会兼听则明，多方谈话，最终尽可能得得出一个最接近事实的判断。

归根结底，决策者想要把握好平衡，尽量让自己所做的决策都成为当下最优解，那么就要学会运用一碗水端平的平衡手法。

蛰伏待机：王曾计除奸臣

事典

丁谓是北宋真宗时一个有名的权臣，累官同中书门下平章事。他多才多艺，通晓诗、画、博弈、音律，正因为有才，被重才的宰相寇准推荐为参知政事，做了他的副手。

真宗初年，权臣王钦若得势，他便唯王是从。王钦若失势免宰相职后，他采取欺骗手段，获取了寇准的信任。

真宗大中祥符年间，丁谓迎合皇帝的心意，劝皇帝封禅。对修建宫室的事情，他也极力怂恿。

宋真宗随即命丁谓总管建宫之事，结果他大肆铺张，不惜扰民害命，所建的宫室稍有不合意处，即推倒重造。他又令人在南方大肆伐木，百姓服役者死亡无数。

当时的朝官为此上疏朝廷，要求杀丁谓以谢天下，却由于真宗的意愿，加之宰相寇准为其所骗，丁谓得以安然无恙。

丁谓与曹利用同时出任枢密使，掌军机大权。曹利用与寇准有宿怨，早仇恨在心，丁谓本来由寇准所荐，得以进宫，但不久前因寇准当着群臣的面，对丁谓的奴颜之相予以公开嘲讽，由此丁谓衔恨，于是与曹利用联手，共同对付正直的寇准。

后来，宋真宗患病不能理政，皇后刘氏开始干预朝政。寇准曾铁面无私惩治了刘皇后的不法亲戚。刘皇后心中亦是恼怒万分，此时自己执掌权柄，自然要趁机报复。

宰相寇准见刘、曹、丁势焰熏天，而宋真宗卧病在床，于是进宫私下建议真宗，要求他以社稷为重，传位给众望所归的皇太子，并选择真正干练的大臣辅佐朝政。

真宗当时病重，心有传位太子之意，对寇准的建议颔首同意，并要他布置准备。可惜因寇准豪饮酒宴，醉后走漏风声，此事被丁谓得知，于是他串通刘皇后，至真宗前诬告，说寇准是挟太子夺权，欲架空皇上。真宗被谗言所惑，忘了自己对寇准的嘱托，随即免寇准职。

丁谓被升为宰相，他一上台，即排挤寇准，把他远贬道州。

之后，寇准又被贬至雷州。太监受丁谓指使，传令时装扮成杀气腾腾样子，寇准坚持要看圣旨，揭穿了传令太监的画皮，被迫告以实情，使丁谓伪饰杀人的阴谋未能得逞。

至此，丁谓成了朝内只手遮天的人物，他为所欲为，一时朝臣为之侧目。

后来，真宗病逝，仁宗赵祯即位。丁谓清楚自己坏事做尽，朝臣心中不服，所以极力限制朝臣与皇帝接近，担心有人趁机弹劾自己。当时朝中不少直臣，也想谋除丁谓，苦于丁谓不准朝官单独留在皇上身侧奏事的限制，只能无可奈何地远离丁谓，难以有所动作。

王曾见状，心生一计，凡朝中政事，只要丁谓所说，一切顺从，从来不予顶撞反对。这样一来，丁谓逐渐放松对王曾的警惕。

一天，王曾对丁谓说：“我自己没有生儿子，想把兄弟的儿子过继来作为我的继承人，这件事情想请皇上恩准。可是我担心大人误会，不敢单独留下向皇上奏明此事。”

丁谓见王曾所说并非什么大事，而王曾一向顺从自己，便对他说：“你尽管留下无妨。”

王曾于是独见仁宗，呈上一份奏疏，尽列丁谓多年以来的奸事。仁宗见疏，甚为吃惊，几天后便下诏宣布丁谓获罪，免去所居宰相之职。丁谓那天让王曾单独留下，自己出走没有多远，就十分后悔。免职圣旨一下，心中甚恼自己大意失荆州。

不久，丁谓数罪并罚，被仁宗贬到崖州。

点评

丁谓排挤前任，终于爬上宰相之位，大权独揽，坏事做尽。王曾蛰伏待机，最关键的取胜之处就在于明修栈道，暗度陈仓。他对丁谓事事服从，忽然找准机会发难，可谓虎口拔牙。

这有点像是《三国演义》里的曹操，面对胡作非为的董卓，曹操也是假意顺从，获取他的信任，实则暗藏为朝廷除去奸臣的决心。不同的是，曹操失败了，王曾却成功了。

在中国历史上，经常会有类似的情景，有的人为了国家大义，不得不一时忍耐，以身侍贼，为的是取得对方的信任，从而在未来的某个时刻找到机会，扳倒对手，为国尽忠。

开卷有益

明修栈道，暗度陈仓

“明修栈道，暗度陈仓”是韩信帮助刘邦夺取天下时的妙策。

秦亡后，刘邦用张良之计，烧栈道，消除项羽的戒心。韩信则明修栈道，却从旧道迂回，突袭陈仓，击败章邯，平定关中，为刘邦东出打天下奠定了基础。

在历史上，明修栈道，暗度陈仓的策略被很多人用过，如三国时期，蜀将姜维率军迎战魏国大将邓艾，与邓艾隔河对峙。邓艾经过仔细研究，认为姜维肯定想迂回偷袭魏军必经要地，于是下令赶紧拔军回撤。果然，发现姜维正在部署偷袭。这里姜维即是施用暗度陈仓之计，可惜被邓艾识破。

在当代社会的商战中，尽管讲究诚信是做生意的基础，但是竞争对手之间，往往也难以避免会有一些明争暗斗，采用明修栈道、暗度陈仓的策略，往往能取得一定的效果。其关键在于，表面上迷惑竞争对手，内里却有一个真正的目标。利用表面凸显出来的事物为内里的目标争取时间，在对手眼皮子底下，一步步达成目标。

比如说，春秋战国时期，齐国的管仲便是运用这个策略的高手，他运用经济战打败了鲁国，其中关键的手段便是明面上让齐国去购买鲁国的绸缎，让鲁国瞬间赚得盆满钵满，引得鲁国种植了大面积的桑树，结果齐国却忽然又不买绸缎了，导致鲁国经济瞬间崩塌，不战而屈人之兵。

以小博大：
陈平奇计擒韩信

事典

刘邦在同大敌项羽酣斗的同时，一直关注着内部异己势力的发展，尤其对智勇兼备的大将韩信，更是百般钳制，多次采用狡诈手段，削夺他的兵权。

刘邦消灭项羽之后，旋即筹划消灭异姓诸侯王。他选择的第一个打击目标，便是最疏远，又最有实力和号召力的韩信。

他改封韩信为楚王，将他调离军力、物力均十分雄厚的三齐。

几个月后，便有人上书告发楚王韩信谋反。刘邦向诸将询问应敌方略，一些鲁莽的武士七嘴八舌地说："速发兵活埋这小子。"

刘邦自知并非善策，默然不应。

此时，张良已借口有病功成身退，刘邦最看重的谋臣首推陈平，自然要向他请教。

陈平先是辞谢不答，待刘邦问之再三，他才反问道："告发韩信谋反一事，外人知道否？"

刘邦摇了摇头。

陈平沉思片刻，复问道："陛下之兵是否精于楚兵？"

刘邦答道："难以超过他。"

陈平又问："陛下之将谁能敌过韩信？"

刘邦回答："无人可及。"

陈平说道："兵不如楚精，将难敌韩信，反而要举兵强取，必然是轻启战端，我很为陛下担忧！"

刘邦急不可耐，一再求问万全之策。

陈平说道："古时，天子时常巡狩四方，会见各地诸侯。南方有一云梦泽，陛下何不声言出游此地，会诸侯于陈。陈是楚地西界，韩信必然到此迎贺。那时，陛下欲擒韩信，只需一个力士足以成功。"

刘邦依计，果然一举擒缚韩信，贬之为淮阴侯。

此举避免了一场兵祸大灾，消除了再度分裂割据的祸根，维护了新建王朝的统一安定。

刘邦自陈回到洛阳，剖符行赏诸功臣，封陈平为侯。

陈平婉言辞谢："此非臣一人之功，不敢擅得爵禄。"

刘邦不解其意，问道："我用先生计谋而克敌，不是先生之功，又属谁人？"

陈平答道："倘不是魏无知，臣不能进身，又怎能立功呢？"

刘邦称赞说："像先生这样，可谓不背本了！"

于是传命厚赏魏无知。

点评

韩信被誉为“兵仙”，在军事史上留下很多军事战例，可谓是战无不胜。如果刘邦不去问计陈平，也许就要做出发兵平叛的举动，鹿死谁手还未可知。陈平凭借三寸不烂之舌，找到了解决事情的盲点，在众人都看不到的地方，他忽然提出了自己独到的见解，既解决了韩信的问题，又避免了生灵涂炭。

对于韩信来说，这是他个人的悲剧，但是对于汉朝的百姓来说，这却是一次避免妻离子散夫亡的大好事。

这个事情也告诉了我们一个道理，一件看似要花费巨大代价才能解决的事情，也许换个角度，只需要非常小的代价也能达到相同的目的。

开卷有益

别出新招

别出新招是指用不同于其他人的办法来应付事变的策略。

当大多数人都觉得必须向前才能解决一个问题的时候，这个时候你可以想想，也许向后或者向左、向右也能解决问题。

最重要的是，当所有人都觉得向前才是解决问题的渠道，而且要花费一定的代价的时候，你换个角度，换个思路重新去看待问题，从而解决问题，可能需要花费的代价也会变得小很多。

这就是别出新招的意义。

比如说举荐自己，毛遂采取的是凭借雄辩去说服上面的人，而姜子牙则采用了更加行为艺术的方式：姜太公钓鱼——愿者上钩。

相传，谋略家的鼻祖吕尚在怀才不遇之际，就是用别出新招，引得西伯侯姬昌的注意，成为其膀臂，以展宏才，辅佐周武王兴周灭纣。

吕尚的先世曾为贵族，后来社会动乱，家道中落。年轻的吕尚勤苦向学，有经天纬地之才。由于他是从上流社会沦落下来的，饱尝了民间的疾苦，对世事洞若观火，故而立志救民报国。然而纣王无道，报国无门，潦倒了半生。吕尚虽年事已高，但仍壮心不已。

一天，吕尚在渭水之滨垂钓，恰好西伯侯到这一带打猎。为了引起西伯侯的注意，吕尚故意把鱼钩提离水面三尺以上，钩上也不放鱼饵。这就是所谓“姜太公钓鱼，愿者上钩”。

果然，西伯侯觉得奇怪，便走上前想问个究竟。吕尚一番高谈阔论，使西伯侯为之折服。西伯侯当即请吕尚“助我匡扶天下，以救万民”。回宫后，又拜吕尚为太师。吕尚从此成为辅弼重臣。

这个世界上所发生的各种事情常常不会只存在一种解决办法，能不能撇开众所周知的解决方法，找到适合自己的、代价最小的解决办法，体现着一个人解决问题的能力的高低。

低调处事：
李泌不夸功得宠信

事典

李泌在唐代中后期政坛上，是一位颇有点名气的人物，他历仕玄宗、肃宗、代宗、德宗四代皇帝，在朝野都很有影响。

唐德宗时，他担任宰相，北方的回鹘族出于对他的信任，要求与唐朝讲和，结为婚姻，这可给李泌出了个难题。从安定国家的大局考虑，李泌是主张同回鹘建立友好关系的，可德宗皇帝因早年在回鹘人那里受过羞辱，对回鹘怀有深仇大恨，坚决拒绝。

正巧在这时，驻守西北边防的将领向朝廷发来告急文书，要求给边防军补充军马，此时的大唐王朝已经没有这个力量了，唐德宗一筹莫展。

李泌觉得这是一个可以利用的时机，便对德宗说："陛下如果采用我的主张，几年之后，马的价钱会是现在的十分之一。"

德宗忙问什么主张，李泌不直接回答，先卖了个关子，说："只有陛下以至公无私之心，为了江山社稷，屈己从人，我才敢说。"

德宗说：“你怎么对我还不放心？有什么主张就快说吧！”

李泌这才说：“臣请陛下与回鹘讲和。”

这一建议果然遭到了德宗的拒绝：“你别的什么主张我都能接受，只有回鹘这事，你再也别提，只要我活着，我决不会同他们讲和。我死了之后，子孙后代怎么处理，那就是他们的事了。”

李泌知道，好记仇的德宗皇帝是不会轻易被说服的，如果操之过急，言之过激，不仅办不成事情，还会招致皇帝的反感，给自己带来祸殃。

于是，他便采取了逐渐渗透的办法，在前后一年多的时间里，经过多次陈述利害的谈话，才算将德宗皇帝说通。

李泌又出面向回鹘的首领做工作，使他们答应了唐朝的要求，并向唐朝皇帝称臣。这样一来，唐德宗既摆脱了困境，又挽回了面子，十分高兴。唐朝与回鹘的关系终于得到和解，这完全是由李泌历经艰苦，一手促成的。

唐德宗不解地问李泌：“回鹘人为什么这样听你的话？”

如果是一个浮薄之人，必然大夸自己如何声威卓著，令异族都畏服，显示出自己比皇帝都高明，这样一来必然会遭到皇帝的猜疑和不满。李泌却是一个极富政治经验的人，他对自己一字不提，只是恭敬地说：“这全都仰仗陛下的天威，我哪有这么大的力量！”

听了这样的话，德宗能不高兴，能不对李泌更加宠信吗？

点评

2019 年大火的电视剧《长安十二时辰》让观众对李泌这个历史人物熟悉了起来。

他聪敏机智，爱护百姓，忠于职守，可谓是人臣典范。

在历史上，真实的李泌比电视剧里有过之而无不及。幼年时期，李泌曾以神童而闻名朝廷，七岁时被唐玄宗接见，当时正在与皇帝下棋的宰相一看，这不是大家传说的那位神童嘛，于是想着考一考这个孩子，便让他以“方、圆、动、静”为题作文。

李泌张口就答：“方若行义，圆若用智，动若骋材，静若得意。”

唐玄宗听后，大为赞叹。

后来，经过一系列的摸爬滚打，李泌贵至封侯拜相，却也曾归隐山林，低调地践行着明哲保身的处世之道。

他曾力挽狂澜，也曾遭遇陷害，但始终能在中晚唐复杂而凶险的政治环境中独善其身，这和他所奉行的“方若行义，圆若用智”的哲学是分不开的。

当然，除了低调的处世哲学之外，李泌的能力也是冠绝中晚唐的，面对大唐出现的种种危机，当众人束手无策的时候，当权者首先想到的永远是李泌。只不过，在时代的局限性之下，李泌的很多抱负并未得以实现。

开卷有益

有才能也要低调

纵观历史，那些做出一番作为、为百姓和国家缔造功绩的人，无一不是才华横溢、能力杰出之辈。但是，一个人即使有很强的能力，也要拥有保持低调的心态，这样才能在事业的平台上发挥更大的作用。

北宋时期的名将曹彬，由于与后周皇室有姻亲关系，在北宋建立后，保持低调，不登门拜访群臣，很少参与宴会，得到宋太祖赵匡胤的信任。

在北宋统一的过程中，他参与了攻打北汉和后蜀的战争。在攻打南唐时，赵匡胤任命曹彬为全军统帅。赵匡胤对曹彬说：“等到攻下南唐后，任命你为使相。”同为武将的潘美预先向曹彬祝贺，曹彬说道：“这次行动，仰仗的是天威。我遵照朝廷的谋略，才能成功。我自己有什么功劳呢？……”

曹彬待人仁慈、厚道，从不谈论别人的过失。在他讨伐后蜀、南唐的时候，不索取任何私人物品。曹彬即使拥有很高的权位，也不用自己的威势威慑他人。

所谓祖上有德，福泽子孙。由于曹彬的个人魅力和在朝廷上的声望，他的孙女成为了宋仁宗的皇后。

而与此相反，同是北宋名将的狄青就因为没有低调处事，导致了失势。

宋仁宗时期的狄青，对西夏作战屡立奇功。范仲淹见他是良将之材，引导他阅读《左氏春秋》，希望他成为一名智勇双全的武将。从此，狄青读起书来，精通秦汉以来将帅的用兵作战方法，在对西夏的防御作战中更加英勇善战，官位不断上升。

后来南方侬智高反叛，岭南地区骚动不安。狄青率军南下，夜袭昆仑关，取得了胜利。

狄青回师后，宋仁宗任命他为枢密使，这是宋朝负责军国事务的最高职位。在重文轻武、压制武人的宋代，狄青作为武将获得这一职位，与他多年来的战功是密不可分的。

但是狄青在担任枢密使的时候，因为一时疏忽，失去了官职，遭到贬黜。京城发生洪涝灾害，狄青为了避水灾，把自己家搬到了大相国寺，在佛殿上居住，引起了老百姓的议论。狄青的这一行为使他丢掉了枢密使的职位，离京出知外地。

由此看来，我们在人生中，除了对自己的工作认真负责，不断进取之外，还应该让自己拥有谦虚、低调的素养，保持清醒的头脑，切莫得意忘形，尽自己的努力实现人生价值。

知错能改：
汉武帝晚年醒悟

事典

武帝多子。为了避免子弟日后争皇位，武帝很早就立长子刘据为太子。太子刘据为人忠厚孝义，内则事亲尽孝，外则秉公办事，颇得众心，虽不及武帝的雄才大略，但不乏守成之本事。武帝对太子的为人为事虽说不全满意，但一直很放心，父子相安无事数年。

汉武帝极相信神仙，亟求长生不死。他偶一卧病，就相信有人以巫蛊害他。“蛊”音古，以三个虫字摆在一个“皿”字之上，乃是根据民间传说，巫者将毒虫毒蛇，放在一个器皿之中，让它们互相吞并淘汰，最后一个硕果仅存的怪物，是为蛊。巫者即操纵着这个精灵，用咒诅符箓削制木人埋蛊地下等诸方式谋害敌人。

在当时都城长安，方士巫师聚集，女巫更以其特殊身份出入后宫，教唆相互争风吃醋的妃嫔制作木偶埋到对手居住处的地底下，因为她们都相信利用这种神祠祭祀诅咒的方式，可以蛊害敌人，使皇上的恩爱宠幸转移到自己这边来，这也就是史书上所说的“巫蛊行妇人媚道”。由于当时人们对这种方式深信不疑，连朝廷也不例外，因此汉朝严格立法禁除此风。陈皇后虽然知道采用巫蛊之术争宠，一旦败露可能会使自己遭受杀身之祸，但不甘受冷遇的她已豁出去了，决定让心腹女巫施蛊术。

世上没有不透风的墙。一年后，也即元光五年（前 130 年），陈皇后的阴谋败露，汉武帝即命御史张汤究治此案，将女巫楚服等 300 多人处死，而陈皇后本人则被禁在长门宫，从此再也见不到汉武帝了。

陈皇后被废后，汉武帝又立卫子夫为皇后。卫子夫就是西汉名将卫青之姊、霍去病之姨。卫子夫年轻时貌美异常，加上卫青、霍去病又是汉武帝开疆拓土的大功臣，所以卫子夫的皇后地位十分牢固，她的儿子刘据 7 岁（前 122 年）就被立为太子，史称戾太子。元狩六年（前 117 年）、元封五年（前 106 年），霍去病和卫青两人相继去世后，卫皇后与戾太子失去了重要靠山，但卫皇后处事小心谨慎，尽量不得罪各方，所以几十年来卫后母子还都安然无恙。

但是好景不长。当卫子夫年老色衰之后，武帝又转而宠幸钩弋夫人赵婕妤。赵婕妤号拳夫人，由于居住在钩弋宫，故称之为钩弋夫人。传说赵婕妤怀皇子刘弗陵时，过了 14 个月才分娩，武帝认为弗陵具有天生神异之处，便将钩弋门改为尧母门。武帝这种宠爱幼子的心态被他的宠臣、衡都尉江充察觉，于是他打算抓住这一机会，为自己日后进一步攀升除去一个仇敌——戾太子刘据，并打下发迹的基础。

江充与太子刘据结仇之事发生在太始三年（前 94 年）。江充本为赵国邯郸人，本名江齐，他把自己的妹妹献给了赵太子刘丹，很快得到提升。后来刘丹移情他人，江充兄妹与刘丹交恶，江充本人则逃往长安，向武帝告发了刘丹的一些违法行为，受武帝赏识，拜为直指绣衣使者，专门负责督捕京城及附近的盗贼，并检举皇亲贵戚的不法行为。

太始三年，太子刘据的家使因有急事，乘马车在专供皇帝使用的驰道上行驶，正好被江充遇上。江充本是一个仗势欺人之徒，他为了得到武帝的恩典，连太子也不放在眼内。而且他也知道抓住一次打击太子党羽的机会，等于给自己创造了一次奖赏的机会。于是江充二话不说，就命人拘押了太子家使，并没收了马车。太子得知此事后，先后几次派人向江充求情，但江充毫不领情，还将此事暗暗报告了武帝，武帝为此训斥了太子一顿，从此太子便与江充结下仇怨。

两年后，江充终于找到了下手的机会。征和元年（前92年），有一男子持剑闯入建章宫行刺被抓，使汉武帝受到惊吓，生了一场病。事情一发生，武帝就下令在上林苑和长安城搜查刺客同党，又派人暗中察访是否有巫师施蛊术害他。

同年11月，丞相公孙贺之子敬声因私用军饷而下狱，公孙贺为了救子出狱，捕获了阳陵大侠朱安世，打算请武帝赦免敬声。朱安世在长安很有势力，立即通过关系在狱中上书，告发敬声与武帝的女儿阳石公主私通，还指使巫师在驰道中埋木偶施巫术害天子。武帝本来就疑心刺客之事与巫蛊有关，得到朱安世上书后，果然信以为真，就令江充追查此案，结果阳石公主、公孙贺父子等均被处死。

如果事情就此结束的话，戾太子被废之案也许就不会发生了，但是江充却并不善罢甘休，他想趁机一举除去太子。阳石公主是皇后卫子夫之女，也即太子同母妹，另外大将军卫青之子也在这场巫蛊之祸中被杀，公孙贺的夫人是卫后的姐姐，他们都是太子刘据的党羽。江充抓住这一点穷追不舍，向武帝报告称宫中有蛊气，应立即搜查清除。于是在征和二年，武帝命江充和安道侯韩说等治理此案，并将幕后指使者揪出来。

江充早已做好准备，事先指使长安城中的胡巫将木偶埋入宫中，包括那些失宠的妃嫔和太子刘据住所。江充得到武帝御旨后，立即使人出面告发宫中巫蛊之事，他则领人收捕被告之人，使用刑讯逼供的方式审问，被收捕入狱者经受不住严刑拷打，只好顺着江充准备好的供词认罪画押，这样又牵扯出了一大批人，太子刘据也在其中。江充又率人到太子宫中挖掘，在胡巫的“法力”指点下，自然是掘出原来早就埋好的木偶。

江充一面封锁消息，一面派人秘奏武帝，企图置太子于死地。

再说武帝当时正在甘泉养病。晚年的武帝因身体虚弱，经常生病，老是疑心有人暗中施蛊术害他。当江充派人报告说在太子和后宫妃嫔住处挖出了木偶时，武帝十分恼怒。自从钩弋夫人生了幼子刘弗陵之后，武帝对与自己政见分歧的太子刘据日益不满。刘据性格仁厚温良，在治理国家方面主张待民以宽以柔，这与武帝喜用严刑峻法、任用酷吏的风格截然相反。而朝中大臣支持太子者大有人在，这无疑使武帝感到一种潜在威胁。江充诬陷太子施蛊术诅咒武帝，更使武帝以为太子急于登基称帝，好取代自己，这使他无法容忍。

就在武帝准备采取措施惩治此案时，太子刘据却因无法得知武帝的消息而做出了一个致命的决断。他在多次派使者向武帝请安未果之后，向太子少傅石德问计，石德建议可先假造圣旨，发兵逮捕江充等人，查清事情真相后向武帝上报。由于江充和韩说一伙气焰嚣张，太子被逼急，杀了韩说，又捕获江充，通告文武百官，称江充谋反，斩之，又烧死了为非作歹的胡巫。

太子的行动很快被在甘泉休养的武帝得知。武帝立即命丞相刘屈氂率兵逮捕太子，太子则矫制赦免长安中关押的囚徒，与丞相军队作战，长安城陷入混乱，血流成河。由于太子势力毕竟稍弱，几天后，太子兵败出逃。武帝下令追捕太子，收取卫皇后玉玺，结果是太子母卫后也自杀，卫氏家族及太子嫔妃被诛，死了好多人。放太子出城的司直田仁、同情太子的御史大夫暴胜之先后被处死或自杀，随从兵变者也都被诛。这样，以太子刘据为首的太子集团（或卫氏集团）被灭，武帝暂时解除了他所认为的“内患”。

事后武帝才闹明白，原来太子是为江充等人暗算，不得已才出此下策，而且不是谋反。武帝后悔误杀子孙，特在湖县建造“思子宫”，又作“归来望思之台”表示哀悼，并把其他陷害太子的一干人斩首焚尸。

点评

汉武帝一生在政治、经济、文化、军事上的改革颇具成效，扩大了汉王朝的领土，提高了汉王朝对周边的影响力，而且北伐匈奴，解除了汉王朝的威胁，既洗刷了国家的耻辱，又安定了老百姓的生活。但是，晚年的汉武帝昏庸无道，信任奸臣，残害忠良。一个奸臣江充就闹得满城风雨，甚至使皇后、太子被逼无奈自杀。值得慰藉的是，汉武帝晚年清醒了过来，惩处了奸臣，哀悼自己的太子。

君主应该对自己有德行的家人，对自己任命的大臣给予充分的信任，朝廷上下和谐相处，国家才会稳定发展。同时，君主也要有一双智慧的眼睛，能够看清品质恶劣的人，防止他们兴风作浪。

开卷有益

充分了解，给予信任，勇于认错

作为一个决策者，首先要慧眼识才，其次需要辨别下属的性格与做事风格，从而可以将下属安排在适合他们的岗位上。当然，也要考虑到下属的道德水准，尽量任用那些道德水准和做事能力都比较高的人。

充分了解下属，合理安排岗位，当一个决策者做到以上几点，那么在人事安排之后，还需要做到充分信任下属，给予下属足够的空间去做事，不干预其在做事过程中的一些个人决策。

信任，是人的精神需求，是对人才的极大鼓励。它可以给人以信心，给人以力量，使人积极、热情、主动地发挥自己的工作能力。

人们在用人实践中摸索出了一条准则：对你所用的人，要给予充分的信任。用人不能有防备心，要全心全意地信任他。如果你怀疑你的部下，那么他会感受到你的疑心，然后上下异心，团队因而失败。

信任下属，会激发其做事的热情，从而将决策者和下属的力量凝聚于一个焦点，灵活地发挥上下级的主动性，共同为团队的发展创造伟业。

最后，如果在用人方面出现了纰漏，也要有及时承认错误、改正错误的勇气。不论何时，都要做到实事求是。

越俎代庖：
“宫中天子”居高位

事典

戴法兴是魏晋南北朝时期人，生于会稽郡山阴县（今浙江省绍兴一带），是刘宋政权中的著名权臣。

戴法兴的父亲叫戴硕子，平素依靠贩卖苎麻织成的布为业。戴法兴有两个哥哥分别叫戴延寿、戴延兴。戴延寿擅长书法，而弟弟戴延兴则喜好钻研学问。当时，山阴县有位名叫陈载的大户，家庭富贵，拥有钱财三千万。当时，戴法兴家乡里的老百姓们都说：“戴硕子的三个儿子可以抵得上陈载的三千万钱。”

戴法兴小的时候也曾经在山阴货市上靠贩卖葛布织品为生。后来，他为吏传署，被任命为尚书台仓部令史。大将军彭城王刘义康在尚书台物色聪慧的令史，发现了戴法兴等五人，遂启用戴法兴为记室令史。刘义康的势力被宋文帝消灭以后，戴法兴仍旧担任刘骏的征虏抚军记室掾之职。刘骏镇守江州的时候，戴法兴依然充任南中郎典史。刘骏以巴口建义起事，载法兴与典史戴明宝、蔡闲等人一起转任参军督护。刘骏即皇帝位后，他们又一起被任命为南台侍御史，同时兼任中书省通事舍人。戴法兴等官员专门负责朝廷内部机密要务，权倾当朝。宋孝武帝孝建元年（454 年），朝廷加戴法兴为建武将军、南鲁郡太守，解除了中书通事舍人的兼职，令其在东宫侍奉太子。大明二年（458 年），三位典史因为一起协助宋孝武帝起事，参与南下密谋的缘故被封赏。宋孝武帝册封戴法兴为吴昌县男，册封戴明宝为湘乡县男，册封蔡闲为高昌县男，每个人各可食邑三百户。当时，蔡闲已经去世，朝廷加爵进封。戴法兴因功转员外散骑侍郎、给事中及太子旅贲中郎将，南鲁郡太守一职依然如故地予以保留。

宋孝武帝亲览朝廷政务，不宠任大臣，但他的那些心腹耳目之人，则不得不有所委任。由于戴法兴颇了解古代和现世，所以他平素就被皇帝器重亲信。虽然他出侍东宫皇太子，但这更促使朝廷上层统治者高度重视他、宠信他。鲁郡的巢尚之，始居人士之末，宋文帝元嘉年间（424—453 年），侍奉始兴王读书，也能涉猎文学、历史等科，被皇帝宠信相知。孝建初年，巢尚之被补任为东海国侍郎，仍兼任中书省通事舍人。举凡国家选贤任官、迁转、诛罚、奖赏等重大问题需要处置时，皇帝都要与戴法兴、巢尚之二人商议解决。至于朝廷内外的各种繁杂琐事，则多交给戴明宝去处理。宋孝武帝性格严厉暴躁，爱动肝火，怒目圆睁，生气之间，他动不动就滥施刑罚，大加杀戮。遇到这种情况，大臣巢尚之每每从中解释，大多能使有关人员幸免，政府机关对巢尚之很是依赖。

与巢尚之上述举止不同，戴法兴、戴明宝依靠受宠之故，大搞人际关系，大量接受别人的贿赂。凡是他俩荐举之人，没有不成功的，天下之人都争先恐后地巴结戴法兴、戴明宝，他们家的门外熙熙攘攘，门庭若市，每人家财积累千金。特别是戴明宝本人，骄横放纵更为厉害。他的大儿子戴敬身为扬州从事，居然敢和皇帝争购买御用物品。六宫出外，戴敬身穿豪华的服装，骑马追随在车辆左右来来去去，惹得宋孝武帝勃然大怒，下令赐死戴敬身，把其父戴明宝也抓起来关在尚方里。不久，戴明宝被赦免获释，委任的官职一切如旧。当时，太宰江夏王刘义恭官录尚书事，任同总己，而戴法兴、巢尚之掌握实权时间长久，声名威行朝廷内外。刘义恭吸取了彭城王刘义康的教训，本来就胆小谨慎，到这时更加小心行事。前废帝刘子业还没有亲自处理国家军机政务时，诏书的实施，均取决于戴法兴之手。尚书台中事务无论大小，都由他一人来专断，颜师伯、刘义恭只不过是徒有虚名而已。

随着前废帝年纪渐渐长大，胸志应运生成，企图有所作为。戴法兴这时就劝止前废帝刘子业，每次都对前废帝刘子业说："你这样有所作为，难道是想做营阳王吗？"前废帝有些气愤不平。他所宠幸的宦官华顾儿备受厚爱，皇帝颁赐给华顾儿的金银财宝织物无法统计，戴法兴常常加以削减，结果华顾儿对戴法兴大为恼恨。废帝刘子业经常派宦官华顾儿到民间市井里走访，刺探侦察百姓间流传的歌谣。

可是，社会上的流言，都称戴法兴才是真正的天子，前废帝刘子业只不过是个假皇帝。华顾儿回来就趁机把这些歌谣报告给皇帝，并说："外面说宫里有着两个天子：你是一个，另一个人就是戴法兴。你居在深宫之中，无法与朝臣官员相来往，而戴法兴则和太宰刘义恭、颜师伯、柳元景串通一气，相互联系，往来密切，门客经常有几百人之多，朝廷内外，臣民百姓，没有不畏惧他的。再说，戴法兴是孝武皇帝的亲信大臣，又在宫闱侍奉了许久，现在和别人融为一家，恐怕皇帝的座位不再是你的了。"

前废帝大发雷霆，下令罢免戴法兴的官职，先赶回故里，随即又发配他到边远的郡县。不久又命令戴法兴在家中自尽。戴法兴死时年纪为52岁。戴法兴临死以前，封闭了自己的府库积聚，让家人慎重登录和保管好府库的钥匙。戴法兴死后的次日，朝廷又杀掉了他的两个儿子，并拦截戴法兴的棺木，予以焚烧，查没了他家的全部资财。

点评

越俎代庖，原意是主持祭祀的人越过职权代替厨师，引申为越权办事。

戴法兴大搞人际关系，接受贿赂，不让皇帝参与政事，而且皇帝赐予宦官的赏赐也被戴法兴削减。在民间，老百姓说道，宫中有两个天子，一个是皇帝，一个是戴法兴。戴法兴的权势到了左右皇帝的地步，平时生活还不检点，自然使皇帝和其他的臣子对他产生忌恨。结果，父子三人遇害，一生积蓄被没收。

这个故事告诉我们，在其职某其事，不要贪得无厌，越权去做超出自己职能范围的事，否则不仅违反国法，还会给自己带来灾祸。

开卷有益

在其位，谋其职

不论是在职场中，还是在生活中，我们都要切记，在其位，谋其职。超出职位范围的事情，一定要小心应对。

不要越权去做超出职能范围的事情，工作中越权行事，往往会带来一些麻烦。

从微观上来说，越权行事有下列三点弊端。

有的下属出于责任心和事业心，无意识地做了决策者才有权力去决定的事情。虽然看上去是负责任的一种表现，但是实际上可能会导致决定出现错误。

这是因为下属所在职位获取的信息有限，可能并不能把控全局，所以做出的决定很可能会是一个偏离了事实的错误决定。

长期这样下去，自己的前途就被断送了。

说完了下属，说说决策者。

决策者也不能轻易去做超出自己职能范围的事情，比如总经理非要去干预销售员的销售方式，很可能就会打乱具体的销售计划。

销售员常年活跃在第一线，对于销售有着最贴近市场的理解。总经理在办公室坐久了，虽然大局把控上超出下属，但是在具体的事务上却可能会有些生疏，因此也不能随意越权去干预下属的工作。

同时，每个人都有自己的岗位职责，决策者突然干涉下属的职责，由自己亲自处理，会使下属产生消极的想法。下属会认为，自己得不到决策者的重视，在公司可有可无。有的决策者粗暴地直接做下属的事情，反而让下属觉得这个决策者做事情太混乱，太急躁，没有规划。

另外，同级之间，也不要轻易去做超出自己职能范围的事情，自己部门做自己部门的事，这个部门的决策者不要横加干涉别的部门的事情。如果两个部门的决策者越权处理事情，会导致事情变得更加混乱。

综合来看，在其位，谋其职，才能发挥各个部门、各个职位的人的能力，而随意做出超出职能范围的举动，会导致管理混乱，职责不明。

如芒在背：
不能善始善终的宰相

事典

霍光是汉代军事家霍去病的弟弟，先是由霍去病带入都城，从郎官做起，陆续升官至奉车都尉光禄大夫，在宫中供职二十多年，从来都是小心谨慎，没有犯过什么过失，所以深得君王的信任。

汉昭帝即位时才八岁，朝中的大小事宜，全由顾命大臣霍光主持。

霍光也可谓恭谨忠诚，虽然昭帝年幼，国家倒也太平。到了第二年，霍光被封为安陆侯，上官桀被封为安阳侯，霍光的权势越来越大。

就在这时，有人偏偏向霍光进言说："难道大将军没有听说过高祖时候吕后的故事吗？高祖死后，吕后及吕氏宗族专权，并不任用刘氏宗族，最后在天下人面前丧失了威望，失去了人心，所以全部被诛杀。现在将军你作为顾命大臣，辅佐陛下，地位高，声望重，权势大，将来怎么能免于祸患呢？"

霍光听了以后，既感到震惊，又立刻醒悟，对那人说："谢谢先生的指教，我一定照办。"

一位太医无故入殿，按照律条，当处以死刑。上官桀便去找霍光求情，霍光仍不允许。自此以后，上官桀父子就更加痛恨霍光。于是，他们就广结宫廷内外的大臣，想趁机除掉霍光。

正在这时，霍光去校阅羽林军，上官桀就想发难，但想来想去还是不能保证事变成功。于是上官桀就和桑弘羊秘密商量，诈以燕王刘旦的名义，上书弹劾霍光。

奏疏写道：我听说大臣霍光在外出校阅羽林军时竟令先行官预先准备食物，这是天子的出游仪式。把没有功的大将军杨敞任命为都尉，专权自恣。所以我愿意把符玺归还朝廷，回到宫里保卫皇上，以免奸臣忽起事端，皇上遭遇不测。

昭帝看后，竟无动静，霍光听说有人弹劾，十分恐慌，第二天上朝，不敢进去。

昭帝未见霍光，就派人宣他进殿，霍光跪地免冠谢罪。

昭帝说："我知道你没有罪，请戴上帽子起来吧。你校阅羽林军往返才十多天，燕王刘旦怎能得知，又怎能写信送来。况且你如果有不臣之心，又何必用校尉。这明明是有人谋害将军，假造此书。我虽然年少，也不至于如此愚昧。"

群臣听了，无不惊服。

昭帝十八岁举行冠礼，朝政由霍光秉公主持，还算平静，但昭帝于二十一岁病死。

刘贺即位以后，十分荒唐，毫无人君的样子，朝野上下深以为忧。

霍光受群臣委托，又联络杨敞等人，在朝会上忽然发难，借上官皇后的名义，历数刘贺罪状，把刘贺废黜。

立君又成了大问题，有人提出，唯有武帝曾孙刘病已，流落民间，据说其美丰仪，通经术，有才具，年已十八，可立为君。

据说在这一年，泰山大石自立，上林苑中大柳树叶虫食成文字，也辨认出是“公孙病已立”字样。这皆是皇帝起于民间之兆。

霍光主持迎立了刘病已，是为宣帝。

当时，霍光坐在宣帝的身边替他赶马车去祭拜祖庙，宣帝后来回忆说当时的感觉是“如芒在背”，等换了张安世驾车后，他才安心。其实，这一方面反映了霍光的权威之大，另一方面也为霍家的败亡埋下了伏笔。

宣帝尚未立后，当时许多人都打算让霍光的小女儿做皇后，可宣帝却下令访求故剑，大家明白，这是宣帝不忘贫贱之交，只好立宣帝在民间时的结发夫人许氏为皇后。照例应该封许氏的父亲为侯，但霍光认为他已受过宫刑，是微贱之人，不能违例封侯。宣帝争执不过，只好作罢。

宣帝即位后两年，霍光见宣帝躬谨谦让，也还放心，就自请归政退休，皇帝偏不允许，并且还让凡事先奏请霍光，然后再通报自己。这时，霍光的儿子，以及霍光哥哥的孙子等，陆续获取了官职，在朝廷上渐成盘踞之势。

宣帝虽是十分猜忌，但只好暂且隐忍。霍光去世后，宣帝怕霍家势力太大，将来生变，就逐步撤去霍禹等人的兵权。霍家已感觉到势头不好，尤其是弹劾之人越来越多，关于毒死许皇后的议论也越来越凶，霍云、霍山等就找霍显想办法。霍显把下毒之事告诉了他们，他们非常震惊，认为唯一的出路就是联络霍氏及诸女婿一同起事，并借上官太后的名义废了宣帝，方可无虞。

谁知隔墙有耳，马夫听到了他们的议论，夜里又与别人私议此事，他的朋友偷听到后，就跑到皇帝那里告了密。

霍家的谋划至此事泄。宣帝见时机已成熟，立即派兵，凡霍氏宗族亲戚，一概拿办，尽数处死，诛灭不下千家。

点评

霍光只关注做好辅政大臣的工作，没有考虑他的家族未来是否会面临危机。他从政多年，与大臣结怨太多，而且还做了让皇帝不高兴的事情，一副权倾朝野的架势。并且霍光让自己的家人都担任重要官职，他的家人还做了毒杀皇后的事情，那么在他去世之后，他的家族当然就在风口浪尖上了。

如果霍光在世的时候，能够约束自己的家人，不为一家之私而损天下，让家人保持低调，在他去世之后，他的家族自然可以受到优待。

霍光的辉煌和霍氏家族失败的教训告诉我们，做人应该善始善终，始终要谨慎处世，面对巨大的利益，也要恪守做人的底线，更不能触犯国法，如此才能在世时成就一番事业，离世后为子孙留下丰富的精神财富。切不可为了一时的利益，而断送了自己的前程，最终落得家破人亡的下场。

开卷有益

检点自己的言行

生活告诉我们，无论是什么年龄段的人，都须要做到检点自己的言行。一个人必须守信用，他才有资格去规劝别人，人们也会对他敬服。

检点自己的言行，是人类的一大美德，是自身高尚的素养。曾子说：“吾日三省吾身。”古代圣人对自己的要求，可谓及其严格。

有的人不检点自己的言行，他们以自我为中心，觉得犯一点小错无关痛痒，这当然是不对的，正如刘备所言：“勿以恶小而为之，勿以善小而不为。”

还有的人认为不拘小节方能成大事，在待人接物的小事上马马虎虎，这也是不对的。正所谓“千里之堤，溃于蚁穴”，小的错误也会引来大的祸患。

一个时刻检点自己言行的人总是能使自己的灵魂得到升华，这样的人生活是清白的，人性是纯真的。如果想让朋友相信你，采纳你的建议，你平时就应该端正自己的言行，做一个值得信任的人。如此才能取信于人，获得他人的帮助，从而更好地实现自己的志向。

事无巨细：
赵光义亲览万机

事典

宋太祖赵匡胤病逝后，宋太宗赵光义登基为帝。因求治心切，宋太宗命令群臣议论政事，凡要求当面论奏者，及时召见。以后，他又屡次降诏以求群臣直言。每逢起居日，群臣所上奏章，宋太宗都亲自一一阅览。同时，宋太宗亲出试题复试进士及诸科人，仅太平兴国二年（977 年）就录取五百人，取士之众，前所未有。

宋太宗又亲自过问官员的考核、除授。宋太宗担心大理寺、刑部的官吏断狱时舞文弄法，特于禁中设审刑院。各地上奏的狱案，皆交审刑院，由审刑院加盖印记，然后发大理寺或刑部检断，断毕上奏皇帝，皇帝再交审刑院详议，议定后复奏请皇帝裁决，所断不当者，允许宰相奏闻，另行论决。宰相所领之职，于是改由皇帝主掌。

为了防止刑狱冤滥，凡是百姓击登闻鼓告御状，宋太宗都亲自听断，同时还亲自询问京城在押囚犯。

淳化四年（993 年），京畿有百姓击登闻鼓，太宗召问，这个老百姓说他家丢了一头猪，太宗赐给他一贯钱作为赔偿。

史书记载，宋太宗御便殿，询问京城所押囚犯，常至天黑，侍奉的近臣认为是劳苦过甚。太宗在位年间，每每是黎明在御前殿受朝、听政，日旰而罢，复于崇政殿决事，常常将至中午，尚未进膳。孜孜求治，始终不敢有所懈怠。他坚持自己躬决万机，臣下只是奉行圣旨而已。他在留心政事之暇，坚持披览前代史书，总结安危治乱、兴废之由，以为鉴戒。

宋太宗逝世后，当时的翰林学士承旨宋白在其所上《帝谥议》中，对宋太宗“求贤审官”“置详刑之曹”“下考课之令”等政绩给予高度评价。

经过宋太宗三十余年的经营，宋朝终于避免了再度成为短命朝代的厄运，奠定了两宋三百余年的基业。

点评

宋太宗虚心纳谏，屡次要求大臣们直言，重视科举，扩大取士人数，用法律手段公正判决案件，亲自为老百姓解决困难。他一天的工作从黎明开始，直到天黑，不敢懈怠，而且阅读史书，总结前代王朝的兴亡教训，引以为戒。

虽然宋太宗在历史上争议不断，而且人们多是从缺点方面来评价宋太宗。但是，毕竟在宋太宗的统治下，宋朝避免了五代以来主少国疑的危险，坚持以文治国的国策，为宋朝的文化繁荣奠定了基础。从这方面来说，宋太宗的政绩还是可圈可点的。

开卷有益

合理下放决策权

一个人的精力终归是有限的，所以能否让事情井井有条地进行的先决条件便是把任务下派，把责任压实，这就涉及把一部分决策权下放的事宜。

不管是在公司中，还是在其他一些事物中，下放决策权都是一个十分复杂的问题，不同的管理者会有不同的技巧。不过，从总体来看，还是有以下几点可以遵循。

一、确保明确的责任。授权中需要明确各决策者层的责任，这是实现目标的关键。

二、确保纠错的能力。下放决策权的目的在于激励下属为实现总目标而分担更多的责任。一个组织是一个有机整体，一环扣一环，哪一个环节没有做好，都会影响整个目标的完成。所以，最高管理者在分权之后，必须发现环节中的失误现象，以确保整体目标的成功。

三、确保有效的监督。从系统科学的角度出发，将复杂的整体目标分解为子系统，每个单元实行“分而治之”，然后再从分解到综合。下放决策权后，管理者应当时刻关注全局工作的进程，对偏离目标的局部现象进行协调，对被授权者进行必要的监督。当然，不是对每件事都横加干涉。如果被授权者做的事情符合组织的正向发展，那就按照他的做事方式继续进行。

功成身退：
孙武与伍子胥的不同下场

事典

孙武是中国古代杰出的军事家，他的《孙子兵法》在两千多年后的今天仍熠熠生辉，是中国古代杰出的军事著作。

然而，人们对孙武的出身、经历并不像对他的兵法那样熟悉。有许多人不知道，孙武出仕，是那位传说“一夜愁白了头”的伍子胥引荐的，两个人同为吴王阖闾的将军，结局又是那样截然不同。

可以说，孙武是智士，伍子胥是忠臣。

孙武功名成就便从吴国隐退，而伍子胥忠贞不改，终于被阖闾的儿子夫差杀死，头悬国门，身抛江中。

当初，伍子胥把孙武推荐给阖闾，盛赞孙武的才能。阖闾先读了孙武的兵法，然后召见。

阖闾问他：“先生的兵法，寡人已经读完了，可以实践一下吗？”孙武说可以，阖闾又问道：“可以用妇女试一下吗？”孙武又答可以。

于是阖闾从后宫选出美女，孙武将她们分为两队，指令由阖闾的两个宠姬做队长，命她们都执戟在手。然后讲明前后左右进退之法，但她们在正式演练时竟不听号令，当场大笑不止。

孙武三令五申，宫女们仍大笑不遵号令。

孙武命令执法者当场处斩两个队长。阖闾派使者讲情，孙武却不为所动，执军法如山。

这就是有名的“孙武演阵斩美姬”的故事。

孙武被阖闾用为上将军，号称军师，由他做总指挥，大举进攻楚国，攻入楚国国都郢，楚昭王仓皇出逃。

得胜班师时，阖闾论破楚之功，公认孙武功劳最大，但孙武不愿做官，坚持请求还山隐居。阖闾敬重孙武才能，见自己留不住孙武，便命当初推荐孙武的伍子胥出面挽留孙武，孙武私下对伍子胥说：“你知道自然规律吗？春去则秋来，暑往则寒至。人世之事也是如此，现在吴王恃其国力强盛，四境太平，必定变得骄奢淫逸起来。功成身不退，将来必有后患。我归山隐居，正是避祸之计。”他又劝伍子胥说：“你父兄大仇已报，也应该急流勇退了。况且你为人过于刚直，容易引起同僚排挤，君王忌恨。居危乱之国，国君或许能用你的才能，听你的直言。现在吴国强盛，四方安宁，英雄无用武之时，久居高位，必然祸生。”

伍子胥不相信孙武的话，孙武自己毅然归隐去了。临行时吴王送他数车金帛，他一路上都散给了穷苦百姓。

后不知其所终。

伍子胥本名员，字子胥，楚国人。

他的父亲伍奢本是楚平王太子建的太傅。

楚平王为太子建娶秦国宗室之女为妻，听少傅费无极之计，竟将秦女霸占，另娶一女给太子建为妻。费无极怕将来太子建继楚王位后为此加害自己，便向楚平王进谗言说太子建为此事不满，准备造反。太傅伍奢戳穿费无极的谗言真相，反被楚平王囚禁起来，又欲加害伍奢的两个儿子。

伍子胥的哥哥被捕后与伍奢一道遇害，伍子胥逃离楚国，历尽千难万险，最后辗转投奔到吴国，协助公子光刺杀吴王僚，公子光做了吴王，就是历史上的吴王阖闾。

从此伍子胥一直在阖闾手下效力，其间曾攻入楚国国都，将已死去的楚平王挖坟鞭尸，算是报了父兄被杀之仇。

阖闾对他也甚为优礼尊崇，让他做了相国。

其子夫差继位，大败越军，将勾践包围在会稽山，勾践为保住宗庙和残余势力以便东山再起，便听信文种之计，用金钱美女先贿赂吴国太宰，通过他向夫差求和。吴王夫差竟然听信花言巧语，答应越国的求和。

伍子胥听到消息坚决反对。

夫差不听，伍子胥断言此次不灭越国，以后吴必被越国所灭。

勾践和范蠡君臣按投降条件来到吴国服役，勾践一到吴国，伍子胥又要求夫差杀死勾践，他高声说：“勾践现在成了釜中之鱼，所以才表现得这样恭顺。一旦虎归深山，便不可控制了！”

结果夫差听不进。

勾践在吴，俯首帖耳，劳而无怨，骗取了夫差的好感和怜悯，夫差准备释放勾践回越国。

伍子胥闻讯后又赶紧劝阻道：“当年夏桀囚商汤而不诛，终被商汤所灭；商纣王幽周文王而不杀，最后也被周灭。天道循环，祸福在一念之间。现在大王俘囚越王，如再放他回去，肯定会反遭其害！”

这一次暂时打断了夫差释放勾践的想法。但勾践用范蠡之计亲自尝病中夫差的粪便之后，夫差决计以礼送勾践回国，伍子胥再说什么夫差也听不进去了。

在送别勾践的酒会上，夫差让勾践与自己对座，命群臣以客礼待越王，并称勾践是仁德之人，伍子胥气得离席而去。

勾践离开吴国之前，伍子胥最后一次出面阻拦，他指出：“勾践的恭顺是伪装的，外饰温恭之貌，内怀虎狼之心，表面上尝大王粪便，心里恨不得吃你的心肝。如果大王弃忠直而听谗言，溺小仁而养大仇，将来必然悔恨无及！”

夫差把伍子胥这些良言当成了耳边风，而且反唇相讥说：“寡人一病三个月，相国无一好言相慰，是不忠也；不献一件好东西，是不仁也；你这样不忠不仁之人我要你何用？勾践弃其国家，献其财货，亲身为奴，是其忠也；寡人有病，他亲尝粪便，是其仁也。我若听你的话杀了他这样的善人，老天也不会容我！”

勾践回国后，投吴王夫差所好，进献良材诱其大兴土木，伍子胥劝阻，夫差不听；勾践又进献西施等美女以惑夫差心志，伍子胥又去劝夫差拒绝接受，夫差又不听；勾践用文种之计骗取吴国粮食，伍子胥再次谏言吴王，请他不要资助势不两立的越国，吴王仍是不纳伍子胥的良言，借谷万石给越国。结果次年越国偿还的是蒸过的粮食，吴国百姓用它作种子，颗粒无收，造成吴国饥荒，吴王仍不醒悟。

到周敬王三十六年（前 484 年），吴王联合鲁国北上伐齐。出师前，伍子胥又谏，说越国才是心腹大患，齐国之仇不过是癣疥之疾，现在弃越伐齐，恐怕未必胜齐而越祸已至！

这一次惹得吴王大怒，骂伍子胥是“老贼”，喝道：“我即将出兵，老贼故意出此不祥之语，阻挠大计，该当何罪？”

吴、鲁联军偶然获得对齐国的战争胜利，夫差异常得意。凯旋之日，百官迎贺，伍子胥也到场了，夫差责备他说：“当初你反对伐齐，现在伐齐获胜，只有你没有功劳，怎么不感到羞耻呢？”

接着越王勾践又亲来吴国朝拜并祝贺对齐战争胜利。

伍子胥又是苦谏，伏地涕泣说：“现在是谗夫当道，忠臣掩口，吴国灭亡之日不远了。”

这忠直之言说得夫差大怒，骂道：“老贼是吴国的不祥之物，想要倾覆国家！我因为你是先王老臣，不忍杀你。你以后不要再来见我了！”

伍子胥离开后，大臣又乘机进谗言，说伍子胥出使齐国时将儿子留在了齐国，有叛国之心。夫差决心杀掉伍子胥，派人给伍子胥送去一把剑，告诉伍子胥用这把剑自杀。

伍子胥接到夫差送来的剑悲愤已极，仰天叹道：“天啊，谗臣祸乱国家，吴王你反来杀我！我帮助你的父亲取得君位称霸诸侯，你未立为君时，群公子争立，是我以死相争，你才继立为君。你为君之后，要分吴国土地给我，我没有接受。今天竟听信谗臣之言来杀长者！”

他吩咐家人说：“我死之后，一定要在我坟头植上树木，树木可以做棺材之时，吴国必然灭亡！你们还要挖下我的眼睛，悬在都城东门上，我要看越兵怎样来攻灭吴国！”

吩咐完毕，伍子胥自杀而死。

夫差听到伍子胥的遗言，往视其尸，说道：“你死了还能知道什么？”

亲自砍下伍子胥的头，悬在城门上，命人把他的尸体装在马皮囊里，丢进江中。

伍子胥落得个身首异处的下场，当然也赢得了一代忠臣的美名。

点评

孙武帮助吴国成功打败楚国，孙武知道自己的价值已经用完了，可以功成身退了。他临走时，还嘱咐伍子胥太过刚直，得罪权贵，可以功成身退，避免无妄之灾。可是伍子胥没有听进孙武的忠告，还是在吴王身边尽忠。吴王夫差即位后，被勾践顺从的假相象迷惑，加上对齐国战争的胜利，使夫差冲昏了头脑。伍子胥劝谏夫差防备越过，但是夫差不相信伍子胥的忠言。最后，伍子胥被夫差杀害。

所以，人要对自己有自知之明，知道自己的价值，知道周围的形势。功成身退，至少可以保全自己。俗话说，退一步海阔天空。退却，是走向另一个天地。不过，从另外一个层面来说，伍子胥忠诚刚直，不畏生死，不愧是一位人杰。

开卷有益

适可而止

古语云：“木秀于林，风必摧之；堆出于岸，流必湍之；行高于人，众必非之。”

所以，善于处世的人应该懂得在名和利两个事物中懂得取舍，适可而止。

唐顺宗做太子时，以天下为己任。太子有良好的道德情操，服人心，这当然是未来当上皇帝的一个先决条件。但是太子太过聪明，超过父皇，会遭到父皇的猜忌而被废黜。太子不能表现出太强的能力，也不能拥有太大的名气。

太子曾对东宫僚属说："我要竭尽全力，向父皇进言革除弊政。"父皇指的是唐德宗。但是他的幕僚王叔文告诉他："作为太子，您要尽孝道，多向父皇请安，问起居饮食冷暖之事，不宜多言国事。您说的那些话都是敏感问题，您如果过分热心，陛下猜忌您，您该如何说呢？"太子听后觉得很有道理，便在皇帝面前不多说国家的事。

德宗晚年荒淫无道，太子始终不多说，只是恪守孝道。直到熬到即位，太子当上皇帝，才开始了著名的永贞改革。

最会明哲保身的代表人物就是范蠡。

范蠡帮助越王勾践灭掉吴国之后，就退隐到齐国，改名换姓，耕于海畔，后来居然置产十万。

范蠡之所以辞官归隐，就是考虑到不要让功劳和名声给自己带来灾祸。他的考虑是有道理的。与他共同辅佐勾践的文种就不同了。他不听范蠡功成身退的规劝，继续在勾践身边做事，结果死在勾践手上。

像范蠡、唐顺宗这样处理名利的方式，都是面对利益适可而止，不被眼前的利益蒙蔽双眼，从而安身立命。